Christian Y. Schmidt legt Zeugnis davon ab, wie sich Seehofer in Peking zum Horst macht, begegnet chinesischen Multimillionären, deutschen Staatssekretären und dem Pekinger Fußballorakel. Zudem handelt das Buch von innovativer Scheiße, schlagenden Chinesinnen, nichtsaufenden Mongolen, chinesischen Anhängern der LOHAS-Religion, der Free-Fickbildchen-Bewegung und Posern in Pekinger Freibädern.
»Im Jahr des Tigerochsen« ist ein öffentliches China-Tagebuch der letzten beiden Jahre. Für jeden China-Reisenden ein Muss, für jeden Sinologen ein Darf und für jeden anderen ein großes Solltehaben!

Christian Y. Schmidt war bis 1996 Redakteur des Satire-Magazins »Titanic«. Seitdem arbeitet er als freier Autor. Außerdem ist er Senior Consultant der Zentralen Intelligenz Agentur, sowie Redakteur und Gesellschafter des Weblogs »Riesenmaschine«, dem 2006 der Grimme online-Preis verliehen wurde. Zusammen mit Achim Greser, Heribert Lenz und Hans Zippert verfasst er die Comic-Serien »Genschman« und »Die roten Strolche«. 1998 erschien seine Joschka Fischer-Biografie »Wir sind die Wahnsinnigen«, 2008 das Reisebuch »Allein unter 1,3 Milliarden« (2010 als »Duzi zai 13yi ren zhi zhong« auch auf Chinesisch) und 2009 der China-Crashkurs »Bliefe von dlüben«. Seit 2009 berichtet Schmidt zweiwöchentlich in einer satirischen taz-Kolumne aus China.

CHRISTIAN Y. SCHMIDT

IM JAHR DES TIGEROCHSEN

Zwei chinesische Jahre

VERBRECHER VERLAG

Erste Auflage
Verbrecher Verlag Berlin 2011
www.verbrecherei.de

© Verbrecher Verlag 2011
Einbandentwurf: Sarah Lamparter
Satz: Christian Walter
Lektorat: Doris Formanek

ISBN: 978-3-940426-68-0

Printed in Germany

Der Verlag dankt Lisa Ihle

Vorwort	11
Innovative Scheiße (1)	25
Der Doppeltod Obamas (2)	27
Es lebe der Vorsitzende LOHAS! (3)	29
Die Frauen schlagen aus (4)	31
Doppelt hält besser (5)	34
Nachruf auf ein Haus (6)	36
Mao darf nicht fliegen (7)	38
Lasst hundert Wackelblumen blühen! (8)	40
Eingeholt von Mackie Messer (9)	42
Das Sanatorium der Kohlenminenarbeiter (10)	45
Doro rettet Goethe (11)	47
Streiken mit Ai Weiwei (12)	49
Druckt die Fotos der erschlagenen Han-Chinesen! (13)	51
Antiposing in Pekings Prinzenbad (14)	54
Millionär werden und bleiben! Ein Ratgeber (15)	56
Grrr, gargel, ächz (16)	58
Der erstaunliche innere Mongole (17)	61
Rettet die Wüste! (18)	63
Ordos muss nicht sein (19)	65
Durchs Tal der Ahnungslosen (20)	68
Der Mackenreport (21)	71

Deutsch-Chinesische Namensverwirrnis (22)	73
Schneller nach oben! (23)	75
Es gibt Reis, Baby! (24)	77
Professor Leggewie, ihren Wagen bitte! (25)	79
Die Welt ist keine Google (26)	82
Ein leidlich falsches Jahr (27)	84
Sushi aus Schokolade (28)	86
Designermuschi zeigen (29)	88
Bastarde und räudige Hunde (30)	91
Schnäppchen im Weltkrankenhaus (31)	93
Schluss mit der Etepetete-Zensur (32)	95
Sonntags telefonieren (33)	98
Seehofer macht sich zum Horst (34)	100
Wer schlägt mir auf den Kopf? (35)	102
Vögelt den Frauentausch-Professor frei! (36)	105
Das Fußballorakel von Peking (37)	107
Weltmeister China (38)	110
Ohne anmalen und ausziehen (39)	112
Sommerwunsch (40)	114
Funkelnder ferner Osten (41)	116
Ein großes Problem (42)	118
Reisetherapie (43)	121

Chinesen am Strand (44)	124
Liu Xiaobo muss raus, aber ... (45)	126
Der Kommunismus ist da (46)	130
Brumm, Brumm (47)	132
Kulturrevolution jetzt! (48)	134
VIP-Land China (49)	136
Wir warten (nicht) auf das Christkind (50)	139
Baibai, Party, baibai (51)	141
Das kritische Schaf (52)	143

Anhang

Was bei den »Unruhen« im westchinesischen Xinjiang wirklich geschah	147
Trendsport Mauerspringen	158
Auch bloß Propaganda?	167
Wer China sagt, muss auch Deutschland sagen	170
Index	173

Well I'm gonna China to see for myself
Gonna China gonna China
Just got to give me some Rock 'n' Roll

John Lennon: Meat City (1973)

Vorwort

Dieses kleine Buch ist, anders als mein letztes China-Buch »Bliefe von dlüben«, keine Einführung in die chinesische Welt. Es ist eine Chronik oder besser: ein öffentliches Tagebuch, in dem ich hauptsächlich von Ereignissen berichte, die sich in den beiden im Titel genannten Mondkalenderjahren abgespielt haben. Nach dem westlichen Kalender handelt es sich dabei um den Zeitraum von Ende Januar 2009 bis Anfang Februar 2011. Das heißt, dieses Buch folgt genau der Chronologie meiner China-Kolumne, so wie sie auf der Wahrheitseite der Berliner *tageszeitung* erschienen ist.

Auch der Inhalt dieser Kolumne wurde vom Lauf der Dinge in und um China herum diktiert. Nachdem im Dezember 2008 die letzte Folge der »Bliefe von dlüben«-Kolumne im Satiremagazin »Titanic« erschienen war, hatte ich mir vorgenommen, mich in der von nun an doppelt so häufig erscheinenden *taz*-Kolumne mehr vom aktuellen Geschehen leiten zu lassen. Das bedeutete, mich auch um die Kommentierung von wichtigen politischen Vorgängen nicht zu drücken. So habe ich den, von dem Künstler Ai Weiwei im Sommer 2009 ausgerufenen Internetstreik (Kapitel 12) genauso kommentiert wie das Auftreten der chinesischen Delegation auf der Weltklimakonferenz in Kopenhagen im Dezember desselben Jahres (Kapitel 25), das Pogrom eines uigurischen Mobs an Han-Chinesen im Westen Chinas (Kapitel 13) ebenso wie die Verleihung des Friedensnobelpreises an den Dissidenten Liu Xiaobo (Kapitel 14). Auch mindere Ereignisse habe ich nicht ausgelassen, so den bizarren Horst Seehofer-Besuch in Peking (Kapitel 34) oder die Auswirkungen der Fußballweltmeisterschaft in Südafrika auf China und leider auch auf mich selbst (Kapitel 37, 38).

Ich habe mich aber nicht nur an öffentlichen Ereignissen orientiert, sondern auch an meinem privaten Kalender. Das heißt: Ich habe nicht nur möglichst viel von meinem Pekinger Alltag verarbeitet, sondern auch meine Reisen durch China (Kapitel 7, 18, 19, 43, 44 und 46) und nach Deutschland (Kapitel 20, 21 und 22). Letzteres dachte ich mir zunächst als etwas größere Herausforderung, da die Texte immer einen Chinabezug behalten sollten. Es war dann aber recht einfach. Selbst in Deutschland ist China ja inzwischen allgegenwärtig.

Der Vorsatz, den Inhalt meiner Kolumnen vom Zeitgeschehen bestimmen zu lassen, hatte auch stilistische Folgen. Die »Wahrheit«-Seite der *taz*, auf der die »Im Jahr des ...«-Texte abgedruckt wurden und werden, ist eine Humor- und Satireseite. Auch deshalb waren meine Texte für gewöhnlich in einem ironischen oder komischen Ton gehalten. Bei bestimmten Themen wie der Verleihung des Friedensnobelpreises an Liu Xiaobo oder dem Pogrom in Xinjiang war jedoch dieser Ton nicht angebracht. Also wechselte ich hier zu einer verbindlicheren Sprache.

Das gefiel nicht jedem und stieß selbst innerhalb der *taz*

auf Widerstand. Allerdings konnten sich die Stimmen nicht durchsetzen, die mich auf eine humoristische Tonlage und damit auf bestimmte Themen zwangsverpflichten wollten. Glücklicherweise ist es bei der *taz* auch heute noch weitgehend Konsens, dass auf der »Wahrheit«-Seite Meinungen vertreten werden können, die aus dem *taz*-üblichen Rahmen fallen. Eine solche Souveränität ist in der deutschen Presselandschaft nicht selbstverständlich und soll an dieser Stelle ausdrücklich gewürdigt sein.

Zusätzlich zur Freiheit, die mir von außen eingeräumt wurde, habe auch ich mich bisweilen freigemacht, unter anderem vom selbstauferlegten Aktualitätszwang. So finden sich in diesem Buch dann doch ein paar zeitlose Kapitel, wie sie auch in »Bliefe von dlüben« hätten stehen können. Wichtig war und ist mir vor allem, dass meine Kolumne ein hohes Maß an Abwechslung bietet und dass das, was ich hier mitteile, nicht allzu erwartbar ist. Ob ich diesem Anspruch gerecht geworden bin, kann jetzt jeder anhand der hier versammelten Texte selbst überprüfen.

Meine Kolumnenfreiheit erlaubte es mir aber auch, immer wieder über chinesische Themen zu schreiben, die Redaktionen anderer Blätter für irrelevant hielten. Deshalb konnte ich manchmal schneller sein als andere Medien. So erfuhren die Leser der *taz* schon sehr viel früher einiges über die innermongolische Riesenstadt Ordos (Oktober 2009, Kapitel 19) als die von *Spiegel Online* (Januar 2011). Von anderen chinesischen Phänomenen hat man – wenn ich mich nicht völlig irre – außerhalb meiner Kolumne in der deutschen Presse noch nicht viel gelesen: Von Lohas in China beispielsweise (Kapitel 3), dem irren Huazi-Turm in Fengjie (Kapitel 6), von Pekinger Fahrraddemos (Kapitel 39) oder dem Frauentauschprofessor Ma Yaohai (Kapitel 36). Oder von Xi Yang Yang, einer der populärsten Zeichentrickfiguren der Welt (Kapitel 52), die in Deutschland trotzdem keiner kennt.

Die Frage ist natürlich, ob solche aktuellen Texte auch der Zeit standhalten? Diese Frage stellt sich erst recht, wenn die Texte von China handeln, einem Land, das sich nahezu ununterbrochen in einem haarsträubenden Tempo verändert. Und tatsächlich sind ein paar Informationen in diesem Buch zum Zeitpunkt seiner Veröffentlichung bereits veraltet. Beispielsweise stimmt die Behauptung nicht mehr, dass sich chinesische Liebespaare in der Öffentlichkeit nicht küssen (Kapitel 4). Seit mindestens einem Jahr tun sie es und keiner weiß genau warum. Auch der Satz, dass chinesische Badegäste in der Waterworld im Qingnianhu-Park nicht auf meiner Lieblingstreppe herumposen (Kapitel 14), muss zurückgezogen werden. Genau an diesem Ort überraschten mich nämlich im letzten Sommer eine nicht geringe Zahl von Pekinger Hardcore-Posern. Auch dieser Paradigmenwechsel ist für mich im Moment noch nicht erklärbar. Und selbst die bereits erwähnte Stadt Ordos wird wohl auf einen heutigen Besucher nicht mehr den von mir beschriebenen geleckten Eindruck machen. Hier stürzte im Dezember 2010 ein für umgerechnet 150 Millionen US-Dollar innerhalb von sechs Monaten errichtetes Riesenstadion einfach ein, ohne dass jemand einen Grund dafür nennen konnte.

Obwohl also diese Beobachtungen und Behauptungen nicht mehr stimmen, habe ich sie dennoch in den jeweiligen Kapiteln belassen. Erstens: Weil ohne sie die ganze Pointenarchitektur dieser Texte zusammenbrechen würde. Und zweitens, weil die Texte ja auch Zeitdokumente sind, die Auskunft darüber geben sollen, wie ich China in den Jahren 2009 und 2010 sah. Nur einige Zahlenangaben habe ich stillschweigend aktualisiert, wie z.B die der chinesischen Internet-Nutzer. Ansonsten wurden fast alle Kolumnen stilistisch überarbeitet und um einige Passagen erweitert, die es wegen des begrenzten Kolumnenplatzes nicht in die *taz* geschafft hatten. Zwei Kapitel (»Druckt die Fotos der erschlagenen Chinesen« und »Die Welt ist keine Google«) wurden im Anhang um zwei anderen Orts abgedruckte Texte ergänzt, weil mir hier meine Position besonders erläuterungsbedürftig erschien. Wem lediglich 3.000 Zeichen für einen Text zur Verfügung stehen, der kann oft nur verkürzt argumentieren. Und natürlich macht sich derjenige, der sich auf eine solche Verkürzung einlässt, angreifbar.

Nicht nur aus diesem Grund bin ich nicht sonderlich verwundert, dass ich für das, was ich in der Tigerochsenkolumne vertreten habe, teilweise etwas rüder kritisiert wurde. Ein solches Echo war auch deshalb erwartbar, weil ich ja selbst immer wieder als Kritiker auftrete, insbesondere, wenn es um die deutsche Chinaberichterstattung und -kommentierung geht. Glücklicherweise stehe ich mit dieser Kritik inzwischen nicht mehr allein da. Die 2010 erschienene wissenschaftliche Studie der Heinrich-Böll-Stiftung »Die China-Berichterstattung in den deutschen Medien« bestätigt im Großen und Ganzen das, was ich in meinen Kolumnen gelegentlich etwas überspitzter formuliere. So kann man in dieser Studie, die sich auf umfassendes empirisches Material aus dem Jahr 2008 stützt, nachlesen, dass praktisch alle deutschen Medien »deutliche blinde Flecken in der Themenagenda« haben, wenn es um China geht, dass viele von ihnen »extrem versimplifizierte(n) und verkürzende(n) Klischees« verbreiten und dass in ihrer Berichterstattung eine »auf Konflikte und Gewalt fokussierende Kernagenda« vorherrscht.

Das Resultat einer solchen Berichterstattung ist ein allzu simples bis falsches Chinabild in den Köpfen zwar nicht aller, aber doch vieler Deutscher. Dieses Bild spiegelte sich zuweilen auch in den Kommentaren zu einzelnen Tigerochsen-Kolumnen auf der Homepage der *taz* wieder. Hier machte man mir den Vorwurf, zu regierungsfreundlich bzw. generell zu prochinesisch zu sein: »Ich finde: ›China sucks‹«, erklärte jemand, »keinen Vertrag mit Menschenrechten.« Ein anderer schimpfte mich einen »Schmierfink« und ausgerechnet die brave *taz* ein »Revolverblatt«, und noch einer erklärte meine Sicht der Dinge zur »Augenwischerei eines ehemaligen Maoisten«. Was man halt so schreibt, wenn man nicht Bescheid weiß, und dazu etwas Galle getankt hat.

Ich hatte allerdings heftigere Reaktionen erwartet, zum

Beispiel anlässlich meiner Stellungnahme zur Verurteilung des Dissidenten Liu Xiaobo. Auf meiner Facebook-Seite wurde dieser Beitrag auch eifrig diskutiert, auf der *taz*-Homepage gab es dagegen keinen einzigen Leserkommentar. Dass hier die Diskussion ausblieb, mag daran liegen, dass die Kolumne eben auf einer Satireseite erscheint, auf der man auch Ernstgemeintes nicht für voll nimmt. Andererseits gab es zu anderen, weniger kontroversen Beiträgen auch immer wieder ernsthafte Hinweise und Korrekturen von *taz*-Lesern, die in sinologischen Fragen oft gebildeter sind als ich. Hin und wieder wurde die Kolumne auch gelobt, besonders von in China lebenden Deutschen und in Deutschland lebenden Chinesen. Gerade diese Reaktionen haben mich gefreut und dafür will ich mich an dieser Stelle endlich einmal bedanken.

Gefreut habe ich mich auch, dass mir zumindest einige *taz*-Leser unterstellten, ich mache China und die chinesische Regierung absichtlich schlecht. Anlässlich der Kolumne »Reisetherapie«, in der ich beschreibe, wie man mir auf Reisen durch die Provinz Liaoning mehrmals ein Hotelzimmer verweigerte, weil ich ein Ausländer bin, glaubte zum Beispiel ein Kommentator, mich als antichinesischen Fälscher entlarven zu können: »Sind Sie sicher«, fragte er wohl die Redaktion, »dass Herr Schmidt sich das nicht ausgedacht hat?« (mehr auf Seite 122). Gefreut habe ich mich, weil dieser Kommentar ein vorzeigbares Indiz dafür ist, dass ich nicht der Propagandist der chinesischen Regierung bin, für die mich die Mitglieder der Galle-Fraktion halten.

Tatsächlich versuche ich das Land, in dem ich seit nunmehr über sechs Jahre lebe, möglichst unvoreingenommen zu beschreiben, und dabei vor allem seine komischen und unterhaltsamen Seiten zu zeigen. Ich bestreite aber keineswegs, dass es auch andere, weniger unterhaltsame Seiten gibt. Auf diese negativen Aspekte Chinas konzentrieren sich allerdings bereits eine ganze Reihe meiner Kollegen, die zudem für wesentlich einflussreichere Medien arbeiten. Deshalb denke ich, dass ich dieser Seite nicht ganz so viel Aufmerksamkeit schenken muss. Würde allerdings kein deutscher Journalist aus China über Bergwerksunglücke, Umweltverschmutzung, Zensur und Menschenrechtsverletzungen berichten, wäre ich gewiss der erste, der sich dieser Themen annehmen würde.

Ich will aber auch nicht verhehlen, dass ich, je länger ich in China lebe, die Verhältnisse hier umso kritischer sehe. Der Demokratisierungsprozess, den die Regierung selbst versprochen hat, geht äußerst schleppend voran und erleidet immer wieder Rückschläge. Am schwersten sind wohl die wiederkehrenden Berichte über Behördenwillkür zu ertragen, die übrigens auch in der chinesischen Presse zu finden sind. Wieso zum Beispiel der Künstler Ai Weiwei – ein Mann, den ich durchaus nicht so unkritisch sehe wie die Mehrheit der westlichen Presse; siehe Kapitel 12 »Streiken mit Ai Weiwei« – dabei behindert wurde, die Namen der beim Erdbeben 2008 in Sichuan umgekommenen Schulkinder zu sammeln und zu dokumentieren, ist mir unverständlich. Auch die Behinderung und Verfolgung von Petitionären und ihren Anwälten, Korruption und Vetternwirtschaft, rechtlose Arbeitsverhältnisse, die immer noch sehr hohe Zahl der Todesurteile oder übertriebene Zensurmaßnahmen trübten in den letzten Jahren zusehends mein Chinabild.

Dennoch bleibt festzuhalten, dass die chinesische Regierung einiges besser macht als die meisten Regierungen in der dritten Welt (siehe dazu: »Auch bloß Propaganda«, S. 167). Denn dass China bei 4.000 US-Dollar Jahreseinkommen pro Kopf immer noch ein Dritte-Welt-Land ist, darf bei seiner Beurteilung nicht vergessen werden. Trotzdem hat es das hiesige Regime geschafft, die überwiegende Mehrheit der Bevölkerung dem Elend zu entreißen. Und das betrifft nicht nur die seit rund zehn Jahren immer wieder zitierte – und deshalb etwas zweifelhafte – Zahl von vierhundert Millionen Menschen, die inzwischen zur Mittelschicht gehören. Selbst viele der einst bitterarmen Bauern haben von der Entwicklung Chinas profitiert.

Dass der ökonomische Fortschritt auch großen Teilen der Bevölkerung zugute kommt, muss man noch nicht einmal den offiziellen Darstellungen und Statistiken glauben. Man kann es sehen, wenn man, so wie ich, häufig im ganzen Land herumreist. Dabei bekommt man natürlich auch das eine oder andere architektonische Beispiel von Größenwahn, Fehlplanung und Verschwendungssucht zu Gesicht. Es überwiegen aber große Wohnungsbauvorhaben, der Bau von Schulen und Universitäten, Krankenhäusern, Kraftwerken, Eisenbahn- und U-Bahnnetzen, und das überall im

Land, nicht nur im sowieso schon recht wohlhabenden Osten. Dazu werden inzwischen gewaltige Anstrengungen im Bereich des Umweltschutzes unternommen. Überall im Land entstehen Windkraftanlagen, in den Städten werden große Parks angelegt und landesweit sind die ersten Erfolge des größten Wiederaufforstungsprogramms in der Geschichte der Menschheit zu besichtigen (Kapitel 18: »Rettet die Wüste!«).

Keine Frage: Trotz dieser allenthalben sichtbaren und etlicher weiterer unsichtbarer Erfolge ist das chinesische Entwicklungsmodell weit davon entfernt, perfekt zu sein. Es wundert aber auch nicht, dass sich inzwischen andere Entwicklungsländer, die trotz (oder wegen?) westlicher Entwicklungshilfe in den letzten Jahrzehnten bei der Bekämpfung des eigenen Elends keinen Schritt vorangekommen sind, sich zusehends an dem chinesischen Modell orientieren.

Und noch etwas, bevor das Buch dann gleich wirklich durchstartet: Die chinesische Gesellschaft ist weitaus liberaler als man gemeinhin in Deutschland meint. Und das nicht nur, weil man in China im privaten Rahmen alles sagen kann, was man sich so zusammendenkt. Nein, selbst in der staatlichen Presse finden sich immer wieder kritische Artikel und Kommentare. Ansonsten würden ihre Journalisten wohl kaum gelegentlich mit den Zensurbehörden aneinander geraten oder bei investigativen Reportagen von der Polizei behindert werden. Auch Hochschullehrer und andere Intellektuelle äußern sich kontrovers und kritisch in der Öffentlichkeit. So lange sie nicht an bestimmte, wenige Tabus rühren, ist das problemlos möglich.

Das in der chinesischen Verfassung garantierte Recht auf freie Religionsausübung ist zwar immer noch deutlich eingeschränkt, vor allem für Anhänger von Sekten wie Falun Gong. Auch behält sich der Staat vor, religiöse Organisationen zuzulassen und zu kontrollieren sowie der Ernennung ihrer Würdenträger zuzustimmen. Aber sogar die illegalen »Hauskirchen« und die papsttreue katholische Untergrundkirche werden zusehends toleriert. Selbst das christliche Hilfswerk »Open Doors«, das jährlich einen »Christenverfolgungsindex« aufstellt, räumt ein, dass es in den letzten Jahren »bemerkenswerte Fortschritte hinsichtlich der Religionsfreiheit in China gegeben« hat. Dieselbe Organisation bescheinigt den chinesischen Christen übrigens auch, mehr religiöse Freiheiten zu haben, als beispielsweise ihre Glaubensbrüder und -schwestern in dem von vielen Westlern distanzlos bewunderten buddhistischen Himalajakönigreich Bhutan.

Die staatliche Kontrolle der verschiedenen Religionsgemeinschaften hat allerdings auch zumindest einen positiven Aspekt: Ein wie auch immer gefärbter Gottesstaat hat momentan in keinem Teil Chinas eine Chance. Genauso ist es dem chinesischen Staat bisher gelungen, jede Form von ethnisch motivierter Verfolgung und Gewalt schon im Ansatz zu unterbinden (siehe »Was bei den ›Unruhen‹ im westchinesischen Xinjiang wirklich geschah«). Das heißt nicht, dass nicht auch unter der hiesigen Bevölkerungsmajorität der Han-Chinesen – sie machen etwa einundneunzig Prozent der in China lebenden Menschen aus – rassistische Einstellungen verbreitet sind. Trotzdem sind in China die Angehörigen der staatlich anerkannten fünfundfünfzig so genannten Minderheiten wesentlich besser geschützt als ethnische Minderheiten in manch einem anderen Teil der Welt. Sie können ihre Kultur praktizieren und ihre Sprache sprechen; in autonomen Regionen wie Xinjiang oder Tibet sind die jeweiligen Minderheitensprachen Amtssprache neben Mandarin. Es erscheinen Zeitungen in diesen Sprachen, und es gibt Fernsehsender, die sie ausschließlich verwenden. Auch in den Schulen werden sie gelehrt und die Beschilderung im öffentlichen Raum ist nahezu durchweg zwei-, wenn nicht dreisprachig.

In einigen Punkten – wie zum Beispiel bei der Zulassung zum Hochschulstudium – werden Angehörige von Minderheiten gegenüber Han-Chinesen sogar bevorzugt. Und da die Minderheiten nicht der Ein-Kind-Politik unterworfen sind, wachsen sie auch schneller als die Han. So stieg der Anteil dieser Ethnien an der Gesamtbevölkerung Chinas von 6,1 Prozent im Jahr 1953 auf 9,4 Prozent in 2005. Zwar ist es richtig, dass Angehörige von Minderheiten vielfach noch benachteiligt sind, wenn es um die Vergabe administrativer Posten und um Arbeitsplätze geht. Doch wer im Zusammenhang mit der heutigen Nationalitätenpolitik Chinas von »Endlösung« oder »Holocaust« spricht, wie wiederholt der Dalai Lama, oder von »Genozid« – wie der Dalai Lama, der türkische Premierminister Erdogan oder die uigurische Oppositionelle Rebiya Kadeer – dem kann es nur darum gehen, Gewalt zwischen den Ethnien zu schüren, um davon zu profitieren.

»China ist kein Reich des Bösen«, so lautet der Titel eines als Buch erschienenen Essays des langjährigen Pekinger *Zeit-* und *taz-*Korrespondenten Georg Blume. Dieser Satz ist vollkommen richtig. Er bedeutet im Umkehrschluss natürlich nicht, dass China ein »Reich des Guten« ist. Man könnte sich aber vielleicht darauf einigen, es als ein »Reich des etwas Besseren« oder des »kleineren Übels« zu bezeichnen. Auch diese Einsicht habe ich versucht, in dem hier vorliegenden China-Tagebuch zu vermitteln. Offen bleibt, ob die chinesische Führung gewillt ist, das etwas Bessere noch weiter zu verbessern, oder ob im Land die bereits bestehenden Ungerechtigkeiten weiter zunehmen. Ich bin im Moment noch zuversichtlich, dass es weiter in die positive Richtung geht. Man kann aber auch mit genau der gleichen Berechtigung pessimistisch in die Zukunft blicken. Welcher Prognose man zuneigt, hängt wahrscheinlich nur am eigenen Naturell.

Zum Schluss noch ein Dank an alle, die dieses Buch möglich gemacht haben: Die Tageszeitung mit dem komischen Namen *»die tageszeitung«*, den man im Ausland immer umständlich erklären muss, hier insbesondere die Redaktion der »Wahrheit«, bestehend aus Corinna Stegemann, Michael Glückel und Michael Ringel, der Verbrecher Verlag und Jörg Sundermeier, die Redaktion der Zeitschrift *Konkret,* hier ganz besonders Marit Hofmann und Svenna

Triebler, die Zentrale Intelligenz Agentur, die Redaktion der Sendung *Politikum* auf WDR 5, speziell Valentina Dobrosavljevic, Björn Blaschke und Morten Kansteiner, sowie meine Dolmetscherin, Übersetzerin und Ehefrau Gong Yingxin. Das Buch aber soll dem Andenken des zeitweiligen »Wahrheit«-Mitarbeiters Dieter Grönling gewidmet sein.

Christian Y. Schmidt, Peking, den 3. Februar 2011,
am ersten Tag des Jahr des Hasen

INNOVATIVE SCHEISSE   (1)

Letzte Woche feierten wir hier in Peking den Beginn des Jahres des Ochsen. Das Jahr davor war das der Ratte, aber George W. Bush ist ja jetzt weg. Gut, der hatte letztlich nichts damit zu tun, denn die chinesischen Jahre heißen nach den zwölf chinesischen Tierkreiszeichen. Das des Ochsen steht dabei – wer hätte das gedacht – in erster Linie für harte Arbeit. Von diesem Ochsengeist war bereits in der Neujahrsshow des chinesischen Staatsfernsehens einiges zu bemerken. Dies ist die größte Fernsehshow der Welt, mit geschätzten 400 bis 500 Millionen Zuschauern, und die dort auftretenden Sängerinnen und Sänger mussten in diesem Jahr wirklich selber singen. Das schreibt ein neues chinesisches Gesetz vor, das im Juli 2008 vom Staatsrat beschlossen wurde, und das Vollplayblack bei öffentlichen Auftritten verbietet. Danach muss jeder professionelle Sänger hohe Geldstrafen zahlen und verliert im Wiederholungsfall seine Lizenz, sollte er das Publikum auf diese Weise betrügen. Bei der Neujahrsshow klangen deshalb manche Sängerinnen und Sänger auch nicht mehr ganz so gut wie noch im letzten Jahr.

Bodenständiger und ehrlicher ging es zu Beginn des Neuen Jahres auch auf Pekings größtem Neujahrsmarkt zu, der im Tempel der Erde-Park stattfand. Dort war an den Schnickschnackverkaufsbuden ein aufblasbarer, brauner Scheißhaufen an der Spitze eines langen Stocks der große Hit. Ich sah Hunderte von Pekingern, die mit diesem Gimmick lachend durch den Park zogen. Aufblasbare Scheiße, ich glaube, das ist ein Zeichen dafür, dass das Jahr des Ochsen für China ausgezeichnet wird. Bekanntlich steht aufblasbare Scheiße ja für Innovationen und Ideen.

Bei Deutschland bin ich mir da nicht so sicher. Das liegt an dem Geschenk, das mir die hiesige deutsche Botschaft zum Jahresanfang machte. Es war ein Kalender vom Auswärtigen Amt, in dem man damit angab, wie toll es doch in dem kleinen Deutschland sei. Das wurde mit vielen Fotos und Fakten untermauert. Der Kalender hieß zwar »Kreativ in Deutschland«, doch war er selbst das beste Beispiel dafür, dass das nicht stimmt. Geschätzte fünfzig Mal wiederholte sich im Kalendertext das Wort »kreativ« in allen möglichen Zusammensetzungen: Kreative Köpfe, kreative Persönlichkeiten, kreatives Kochen, Kreativwirtschaft, kreative Städte, Creative Industries oder »kreative Fußballstars«. Außerdem wurden massenhaft Adjektive wie »witzig, frech, ideenreich, frisch« und »flott« verwendet. Die drei hohlsten Sätze des Kalenders lauteten: 1) »In Deutschland sind nach einer Studie top: München, Stuttgart, Hamburg, Frankfurt, Berlin, Köln und Düsseldorf.« 2) »Wer auf dem Regiestuhl sitzt, übernimmt die künstlerische Verantwortung« (neben der Abbildung eines Regiestuhls) 3) »Das Designthema Leuchten ist eins der spannendsten – und durch neue Technologien wie LED auch eins der innovativsten.«

Das ist natürlich alles nur aufgeblasene Fake-Sprache,

die Kreativität vortäuscht, wo keine ist. Deshalb sollte sich auch die Bundesregierung zu einem Gesetz entschließen, das solcherlei Betrug verbietet – und den Kalender gleich dazu. Immerhin schreiben wir das Jahr des Ochsen. Und nicht das der tauben Nuss.

DER DOPPELTOD OBAMAS (2)

Seit ein paar Monaten diskutieren wir Ausländer hier in Peking wieder verstärkt über unser Lieblingsthema, Chinas Zukunft nämlich. Gerade neulich war es einmal mehr so weit. Ein Freund wiederholte mir beim Essen all das, was er seit Monaten in der Westpresse gelesen hatte: »China ist wirtschaftlich in argen Schwierigkeiten. Demnächst sinkt das Wachstum hier unter acht Prozent. Und wenn es das tut, wird es auch für uns brenzlig. Dann gibt es Aufstände und alles bricht zusammen.«

Seine Analyse deckte sich weitgehend mit dem Buch, das ich gerade las. Der Titel lautete »The Coming Collapse of China«, und der chinesischstämmige Amerikaner Gordon G. Chang zählt darin eloquent und schlüssig auf, weshalb das chinesische Wirtschaftssystem demnächst kollabieren wird. Unter anderem meint Herr Chang, die chinesische Regierung gäbe zu viel Geld aus, weshalb das Haushaltsdefizit immer größer werde. Zudem arbeiteten die hiesigen Staatsbetriebe nicht wirtschaftlich. Trotzdem zwinge die Regierung die staatlichen Banken, diesen Betrieben Kredit zu geben. Deshalb sei auch das chinesische Bankwesen völlig marode und letztlich zahlungsunfähig. Chang geht in seinem Buch sogar so weit, vorauszusagen, wann China zusammenbrechen wird: In spätestens fünf Jahren.

Ein wirklich tolles, überzeugendes Buch. Es hat nur zwei Fehler: Erstens kam es bereits 2001 heraus, und zweitens sind viele Gründe, die Chang für den zwangsläufigen Zusammenbruch der chinesischen Wirtschaft anführt, heute die Rezepte, mit denen man versucht, die Wirtschaft in den USA und Europa zu sanieren.

So ist das eben mit der Zukunft. Weil sie noch nicht passiert ist, halten sich viele für qualifiziert, ihren Senf dazuzugeben. Und wenn die Zukunft dann zur Vergangenheit geworden ist, sind die Bestseller längst verkauft und die falschen Prophezeiungen vergessen. Das werden sich auch die Hongkonger Feng-Shui-Meister sagen. Sie prophezeien Präsident Obama ganz schlechte Karten, weil wir das Jahr des Ochsen schreiben. Obama wurde nämlich 1961 in einem Ochsenjahr geboren, und wenn sich das eigene Tierkreiszeichenjahr wiederholt, ist das nach chinesischer Überzeugung niemals gut: »Der neue US-Präsident«, erklärte deshalb der Hongkonger Wahrsager Alion Yeo der Nachrichtenagentur AP, »wird dieses Jahr kein Glück haben.« Möglicherweise stehe ihm sogar ein Impeachment-Verfahren bevor. Andere Feng-Shui-Meister gehen noch weiter. In der chinesischen Numerologie gilt die Vier als Unglückszahl, und zwar weil das Wort »si« für »vier« fast genauso klingt wie »Tod«. Darum gibt es auch in vielen chinesischen

Hotels keinen vierten Stock. Obama ist jedoch der 44. Präsident der USA, und diese doppelte Todeszahl kann nach Überzeugung dieser Feng-Shui-Heinis praktisch niemand überleben.

Nun sind diese Todesahnungen in etwa so ernst zu nehmen wie die China-Untergangsszenarien von Gordon Chang oder diverser westlicher Medien. Aber weil man in China und um China herum viel und gerne prophezeit, will ich das jetzt auch mal tun: In spätestens fünf Jahren wird mir für diese Kolumne hier der Pulitzer-Preis verliehen. Bitte gratulieren Sie mir schon jetzt!

ES LEBE DER VORSITZENDE LOHAS! (3)

Man muss kein Feng-Shui-Meister sein, um vorauszusehen, dass in den nächsten Jahrzehnten die Weltführungsmacht USA durch China abgelöst wird. Wahrscheinlich hat der Wechsel sogar längst stattgefunden. Schließlich gehören der Volksrepublik bereits jetzt US-Staatsanleihen im Wert von 650 Milliarden Dollar. Das macht den chinesischen Staat zum größten Gläubiger der USA, weshalb auch Hillary Clintons erste Auslandsreise als US-Außenministerin in der letzten Woche zu uns nach Peking führte. Hier bat sie die chinesische Regierung, doch ihren Anteil an den USA nicht zu verkaufen, was ihr von chinesischer Seite auch gnädig zugesichert wurde. Niemand hat hier ein Interesse an einem bankrotten Absatzmarkt.

Dafür ist das Interesse an jeder Trendsau, die durch die westlichen Gefilde des Planeten getrieben wird, um so größer. Was sich die eigenen Schuldner gönnen, so der Tenor hier, das können wir uns schon lange leisten. Deshalb ist in China in letzter Zeit auch alles LOHAS. Für den, der es immer noch nicht weiß: Die Abkürzung steht für »Lifestyle of Health und Sustainability«, angeblich seit ein paar Jahren ein »Megatrend«, der von einem amerikanischen Soziologen erfunden wurde. In Deutschland wird er hauptsächlich von einem Eike Wenzel propagiert, Autor von Büchern, die »Future Shopping« heißen, und der »Senior Future Consultant« ist, in Matthias Horx' bizarrem »Zukunftsinstitut«.

Im Westen heißt es, Anhänger der LOHAS-Bewegung pflegten einen Lebensstil, der Ökologie und Luxus kombiniere. Es handelt sich also um Leute, die genug Geld haben, um nicht bei Aldi einkaufen zu müssen, und am liebsten mal »was Sinnvolles« mit Holz, Knete oder Tieren machen würden. Solche Leute gibt es auch in den chinesischen Millionenstädten zuhauf, weshalb hier auch das LOHAS-Ding riesige Dimensionen angenommen hat. Das hiesige LOHAS-Magazin beispielsweise erscheint zur Zeit in einer Auflage von angeblich 630.000 Exemplaren. Dabei ist die Zielgruppe noch fester umrissen als im Westen, denn LOHAS-China wendet sich ausschließlich an Frauen. Die lesen in dem Blatt Artikel über typische LOHAS-Themen wie Bio-Diesel, bessere Chancen beim Blind-Date oder High Heels aus Baumwolle. Aber auch die Wochenendbeilage der Pekinger Abendzeitung *Beijing Wanbao* (Auflage: 1 Million) ist seit einiger Zeit mit LOHAS überschrieben, das man hier als Le Huo (»Happy Life«) übersetzt.

Das klingt nun wesentlich griffiger als das allgemeine Gerede von neuen »moralischen Hedonisten« und einer »neuen Lust an der Affirmation, am Ja-Sagen«, das Herr Wenzel so von sich gibt. Außerdem machen die Chinesen wirklich LOHAS-Nägel mit Köpfen. In Hongkong entsteht gerade ein Wohngebiet, das – nachdem es zunächst »Dream City« genannt werden sollte – jetzt »LOHAS Park« heißt. Wenn der neue Stadtteil im Jahr 2015 fertig ist, wird es fünfzig extrem nachhaltige Hochhaustürme von 46 bis 59 Stockwerken umfassen, und in den 21.500 neuen Wohnungen werden rund 58.000 frischgebackene Lohasianer ihr »Happy Life« genießen. Vielleicht sollte Eike Wenzel Kantonesisch lernen, um sich hier als Bürgermeister zu bewerben. Für den Anfang: »Ja« heißt »hai«

DIE FRAUEN SCHLAGEN AUS (4)

Seit Sonntag haben wir in Peking Frühling. Offiziell beginnt er allerdings erst am 1. April. Das ist zumindest die Antwort auf Frage 83 »Wieviel Tage hat jede Jahreszeit in Beijing?« in meinem allwissenden Lieblingsbuch »China-Reisen: 999 Fragen und Antworten« aus dem Verlag Volkschina: »Der Frühling dauert vom 1. April bis zum 4. Juni (65 Tage)«. Der Pekinger unterscheidet sich damit von allen sonstigen Frühlingen auf der Nordhalbkugel. Nach der World Meteorological Organization, einer Unterorganisation der UNO, fängt der nämlich meteorologisch jedes Jahr am 1. März an bzw. astronomisch in diesem Jahr am 20. März, genau um 12:43 Uhr.

Tatsächlich ist das mit dem Frühlingsbeginn am 1. April jedoch ein kleiner Scherz. In der Realität startet der Frühling hier bereits am 15. März, denn dann werden die Heizungen ausgestellt, die über Fernheizungsrohre gespeist werden. Und das sind praktisch alle. Dabei ist es relativ egal, welche Temperaturen draußen herrschen. Nur bei extremer Kälte wird die Heizperiode verlängert. Ist es draußen einfach nur sehr kühl, muss man sich eben in der Wohnung einen dicken Mantel anziehen.

In diesem Jahr ist es zum Glück pünktlich zum Heizungsabstellen warm geworden, tagsüber steigt das Thermometer schon auf zwanzig Grad. Der Frühling ist also wirklich da. Das kann man auch am Verhalten der Pärchen in den Straßen ablesen. Vor ein paar Tagen sah ich ein erstes, dass sich an einer belebten Kreuzung innig küsste und umarmte. Das führte gleich zu einem kleinen Volksauflauf und noch in hundert Metern standen etliche Pekinger stocksteif da und starrten.

Das Pärchen war natürlich ein europäisches, denn chinesische Liebespaare küssen sich nicht öffentlich. Sie schlagen sich stattdessen lieber oder ringen. Das sieht so ähnlich aus wie bei Kindern und Jugendlichen unterschiedlichen Geschlechts, die aneinander zerren, sich puffen oder kloppen, um dem anderen Geschlecht einerseits körperlich nahe zu sein, um aber andererseits den Eindruck von liebevoller Zuneigung zu vermeiden. Ein solches Verhalten hatte bereits 1987 der große China-Reisende Paul Theroux beobachtet, der in seinem tollen Buch »Riding the Iron Rooster« Pärchen in einem Shanghaier Café beschrieb, die ineinander »in Halb-Nelsons verschränkt waren, die sie für leidenschaftliche Umarmungen hielten.« Ein Halb-Nelson ist ein Nackenhebel beim Ringen.

Und so beginnen sich jetzt also die Pärchen wieder auf den Pekinger Straßen zu verhauen. Interessanter Weise sind es meistens die Frauen, die damit anfangen, vorzugsweise mit kleinen Faustschlägen auf den Oberarm des Mannes. Und weil ich hier immer auf der Suche nach zusätzlichen Einnahmequellen bin, überlege ich, ob ich nicht zu diesem Ritual und nach der Melodie von »Der Mai ist gekommen« einen chinesischen Frühlingsschlager schreiben soll: »Der März ist gekommen, die Frauen schlagen aus« dürfte sicherlich ein Renner werden. Nur brauche ich noch jemanden, der mir den Song ins Chinesische übersetzt. Meine chinesische Frau zu fragen, traue ich mich im Moment nicht. Ich habe etwas Angst vor ihren Liebesschlägen.

DOPPELT HÄLT BESSER   (5)

Vor ein paar Tagen stand auch hier in China in der Zeitung, dass Google Bilder von Straßenzügen in insgesamt fünfundzwanzig britischen Städten aus Google Street View entfernen musste. Der Grund waren einige Fotos, über die sich Abgebildete und Datenschützer beklagt hatten. Geschwärzt bzw. gepixelt wurde beispielsweise eine Straßenszene, in der ein Mann in London gerade aus einem Sex-Shop kommt. Andere Bilder zeigten eine bedauernswerte Person, die vor einem Pub gerade die im Pub zu sich genommenen Getränke wieder von sich gibt, oder eine Reihe Schwarzfahrer, die von Kontrolleuren auf dem Bürgersteig zum Personalienaufnehmen festgehalten werden.

Leider ist Google Street View in China noch nicht präsent, sieht man mal von Hongkong ab, das seit Dezember 2008 abfotografiert wird. Würde es aber zu uns kommen, würden wir das sicher sehr goutieren. Hierzulande liebt man es nämlich, die äußere Realität fotografisch zu verdoppeln. Nur braucht man in China dazu kein Internet. So hat man gerade hinter der Glasfassade eines neu errichteten Bürohauses an der Pekinger Dongsi Shitiao-Kreuzung ein etwa dreißig mal zehn Meter großes Panoramafoto angebracht, das nichts anderes als genau diese Kreuzung zeigt mit seinen Hochhäusern. Auch an anderen chinesischen Orten ist mir dieser Hang zur Wirklichkeitsduplizierung bereits aufgefallen. In Shanghai sieht man besonders viele großformatige fotografische Kopien eben jenes modernen

Shanghai, durch das man läuft. Und selbst neben der Staumauer des Drei-Schluchten-Damms steht eine große Fotowand, die nichts anderes zeigt als eben diese Staumauer.

Das ist in etwa so, als ob man neben den Eiffelturm ein großes Foto des Eiffelturms stellen würde. Aber warum tun die Chinesen das? Die Antwort ist sehr einfach: Es geht darum, das Bild der Wirklichkeit zu verbessern. Deshalb helfen sie auch auf den Fotos immer mit ein paar Tricks und etwas Bildbearbeitungssoftware nach. Der Drei-Schluchten-Damm wird aus einem günstigen Winkel fotografiert und dann noch am Computer optisch aufgeblasen. Und die Hochhäuser an der Dongsi Shitiao stehen vor einem unwirklich blauen Himmel, während in das Panorama ein prächtiges Gebäude in traditionellem chinesischen Stil ragt, das es an dieser Stelle gar nicht gibt. Dazu fliegt ein Schwarm weißer Kraniche durchs Bild, eine in der Pekinger Innenstadt eher seltenere Vogelart.

Zwar kann jeder, der vor dem riesigen Foto steht, sehen, dass hier die Wirklichkeit idealisiert wurde. Doch das ist in China nichts Ehrenrühriges. Hier schämt sich auch niemand für den Gang zum Schönheitschirurgen. Im Gegenteil. Sich Nase, Augen oder Brüste machen zu lassen, erhöht den sozialen Status. Von dieser Einstellung könnte auch Google lernen. Statt Fotos ganzer Straßenabschnitte zu schwärzen, werden die inkriminierten Bilder einfach nur bearbeitet. Der erwähnte Mann kommt nicht mehr aus einem Sexshop, sondern aus dem Völkerkundemuseum. Dem Kotzer wird die Kotze wegretuschiert, dann sieht es aus, als mache er Atemübungen. Und die Kontrolleure könnten den Schwarzfahrern Blumensträuße oder Pralinen überreichen, statt ihre Namen aufzuschreiben. Wer weiß: Am Ende wirken diese Bilder auf die Wirklichkeit zurück, und die Welt wird tatsächlich besser. Einen Versuch wäre es wert.

NACHRUF AUF EIN HAUS (6)

Vorletzten Sonntag war Qingming. Das heißt übersetzt »hell und klar«, ist aber so etwas wie der chinesische Totensonntag, weshalb Qingming auch Grabfegetag genannt wird. An diesem Datum fuhren meine chinesische Familie und ich aufs Land, zur Pflege des Grabes unserer Ahnen. Genau genommen sind es natürlich nicht meine Ahnen, sondern die Eltern meines Schwiegervaters. Doch das spielt keine Rolle, weil ich ja inzwischen auch irgendwie in den großen chinesischen Fortpflanzungsplan eingebaut bin.

Wir fanden das Grab am Rand einer ungeteerten Straße. Es war ein schlichter, von Unkraut zugewucherter Erdkegel. Wir rissen das Kraut raus, häufelten frische Erde auf den Kegel und schmückten ihn mit Blumen. Danach verbrannten wir eine schöne Stange Totengeld, und verballerten für genau hundert Euro Kracher. Die Tante breitete ein paar Lebensmittel vor dem Grab aus, murmelte: »Mutter, Vater, wir haben euch Essen mitgebracht«, und wir alle verbeugten uns drei Mal. Ich dachte: »Die Großeltern werden sich schön wundern, wenn sie wie aus dem Nichts eine lange Nase an ihrem Grab stehen sehen.« Anschließend fuhren wir in ein Restaurant zum Essen. Es gab sehr leckeren Fisch.

Im Restaurant lag aber auch eine Zeitung herum, in der ich eine Meldung entdeckte, die mich wie eine Todesanzeige schockte. Gestorben war jedoch kein Mensch, sondern ein Haus: Der Huazi-Turm von Fengjie, eine Art Superbauhaus-Gebäude das aus zig aneinandergeklebten Betonkuben bestanden hatte, die auf einem dünnen Stiel ruhten und zusammen die Langzeichenversion des Schriftzeichens 華 (huá) für »Reich« [der Mitte] bildeten. Diesen Turm, der niemals fertig gestellt worden war, hatte ich zum ersten Mal in Jia Zhang Kes großem Film »Still life – Die guten Menschen von den drei Schluchten« gesehen. Hier erschien dem Regisseur das Gebäude so irreal, dass er es in seinem ansonsten vollkommen realistischen Film plötzlich wie ein Raumschiff abheben und verschwinden ließ. Auch ich war von dem Turm sofort begeistert. Um ihn mir anzusehen, fuhr ich vor zwei Jahren extra nach Fengjie, einer Stadt am neuen Drei-Schluchten-Damm-Stausee. Als ich vor dem grauen Ding stand, konnte ich das, was ich sah, nicht fassen. Der etwa vierzig Meter hohe Bau, der allein auf einem Hügel stand, von wo aus er auf den Jangtse blickte, war ein architektonisches Wunderwerk, das allen Gesetzen der Statik trotzte.

Ich hatte damals keinen Schimmer, wozu der Turm einmal dienen sollte. Jetzt erfuhr ich aus der Zeitung, dass er als Denkmal für die im Zuge der Flutung des Drei-Schluchten-Damm-Stausees umgesiedelte Bevölkerung gedacht war. Das Wunderwerk war jedoch ohne Baugenehmigung errichtet worden. Deshalb musste es kurz vor der Fertigstellung im November letzten Jahres wieder abgerissen werden. Das ist etwa so irrsinnig, als hätte man den Eiffelturm nach der Weltausstellung von 1900 wieder dem Erdboden gleichgemacht. Mich jedenfalls traf die Nachricht vom Verlust des Turms ausgerechnet an Qingming so wie der Tod eines nahen Verwandten. Und ich beschloß, demnächst wieder nach Fengjie zu fahren, um dem verblichenen Huazi-Turms meine Referenz zu erweisen. Nur wann genau? Was in China – aber auch im Rest der Welt – fehlt, ist ein Architekturtrauertag.

MAO DARF NICHT FLIEGEN (7)

An anderer Stelle habe ich bereits darüber berichtet, welche Wandlungen das Bild des von mir in frühester Jugend hochverehrten Mao Tse Tungs im heutigen China durchgemacht hat. Unter anderem wird Mao als daoistischer Gott angebetet oder als Schutzpatron der Autofahrer. Jetzt hat sich dieses Mao-Bild für mich noch einmal erweitert. Als ich neulich in der Riesenstadt Chongqing weilte, sah ich im Museumsshop des dortigen Drei-Schluchten-Museums eine Schneekugel. Nur war darin kein Schneemann, Fernsehturm oder Knusperhäuschen eingeschlossen, sondern eine goldene Plastik-Mao-Büste, der aus der Brust zwei goldene Drachenköpfe wuchsen. Statt Schnee regnete es goldenen Glitter sowie kleine goldene Plastikkugeln und goldene Münzen, auf denen unchinesische Köpfe und ein amerikanischer Adler abgebildet waren. Darauf stand »In God We Trust«. Auf Mao regnete es also Dollarmünzen.

Natürlich musste ich die Kugel haben. Sie kostete achtundreißig Yuan, umgerechnet vier Euro. Die nette Verkäuferin verpackte sie in einem kleinen Pappkarton, auf dem »Paper-Weight« stand und kleine Teddybären abgebildet waren, die grüne Westen trugen. Außerdem war ein Hinweis abgedruckt: »The surrounding temperature should between 0–50 C. Keep out of direct sunlight.« Ich packte also die Maokugel sehr sorgfältig in meinen Rucksack, damit ihr nichts passieren konnte.

Am nächsten Tag wollte ich von Chongqing zurück nach Peking fliegen. Ich kam nicht weit, nämlich genau bis zum Security-Check auf dem Flughafen. Nachdem man meinen Rucksack zweimal durch den Scanner hatte fahren lassen, wurde er geöffnet und der Sicherheitsbeamte holte meine Maokugel raus: »You this check in«, sagte er kühl, und wies mich an, zurückzugehen. Als ich nicht sofort reagierte, zeigte er mir eine englischsprachige Liste, und deutete dort auf den Satz, dass Flüssigkeiten im Handgepäck verboten seien. »But this is not only a fluid«, antwortete ich, »this is chairman Mao.« Es schien ihn nicht zu interessieren. Weil ich aber keine Anstalten machte umzukehren, holte der Sicherheitsbeamte einen Kollegen, der mir den Sachverhalt noch mal in richtigem Englisch erklärte. »Hier drin ist eine

Flüssigkeit und Behälter mit Flüssigkeiten müssen aufgegeben werden.«

Also ging ich schweren Herzens zurück zum Check-In-Schalter, und gab den Rucksack mit Mao auf. Anschließend passierte ich den Sicherheitscheck ohne Beanstandungen. Aber noch als ich im Flugzeug saß, konnte ich es nicht fassen. Was glaubten die Sicherheitsbeamten denn? Dass ich mit meinem Mao die Maschine in die Luft sprengen würde? Offensichtlich. Diese Männer hielten also mich und den hierzulande einst unkritisierbaren Gründer der Volksrepublik China für Terroristen. Wie konnten sie nur?

Ich brauchte ein bisschen, bis ich begriff. Natürlich hatten die Beamten recht. Der Mao, den ich dabei hatte, war schließlich mit Gold und Dollarmünzen bestochen. Der konnte natürlich alles sein, auch ein Terrorist. Nicht auszudenken, was mit ihm unterwegs alles hätte passieren können. Den Rest des Fluges war ich sehr froh, dass die Sicherheitsleute noch gerade rechtzeitig eingegriffen hatten.

LASST HUNDERT WACKELBLUMEN BLÜHEN! (8)

Eine der Fragen, die man sich in China stellt, lautet: In welcher Zeit leben wir hier eigentlich? Die Frage ist nicht leicht zu beantworten. In einigen Teilen des Riesenreichs, speziell auf dem Land, lebt man sicher noch im Mittelalter. Die meisten Menschen in den Städten leben in der Gegenwart. Und betrachtet man einige öffentliche Gebäude wie den von Rem

Kohlhaas entworfenen CCTV-Tower oder das neue Nationaltheater in Peking, das einem gelandeten Ufo gleicht, glaubt man, weit in die Zukunft katapultiert worden zu sein.

Geht es nach den Aufklebern auf den Autos, müssten wir allerdings gerade die Jahre 1968 ff. schreiben. Damals begann man in Europa damit, seine PKWs mit Stickern zu bepflastern. In China startete die Aufkleberitis im Herbst des vorletzten Jahres mit einer großen Verkehrserziehungskampagne. Der Öl-Konzern Sinopec und der Pekinger Stadtfernsehsender BTV verteilten im Vorfeld der olympischen Spiele 500.000 Aufkleber, auf der eine stilisierte Ampel abgebildet war und auf dem »Glatt Fahren 2008« stand. Die Aufkleber wurden begeistert angenommen. Wer sich nämlich einen an die Heckscheibe oder den Kofferraum pappte und von Kamerateams des Fernsehens bei vorbildlichem Fahren gefilmt wurde, konnte Benzingutscheine gewinnen. Diese Kampagne erinnert an Aktionen wie »Hallo Partner! Dankeschön!« aus den deutschen siebziger Jahren.

Seit Anfang diesen Jahres tauchen nun auf in meiner Nachbarschaft geparkten Wagen die ersten ironischen Aufkleber auf. Einige sind auf Englisch und teilen dem Passanten mit, Bruce Lee oder Mickey Mouse sitze mit im Wagen. Ein gewagteres Motiv zeigt ein stilisiertes Paar beim Sex; die Aufschrift lässt uns sehr eindeutig wissen: »We need sex.« Einige Autobesitzer haben sogar damit begonnen, ihre Fahrzeuge mit Blumen zu bekleben. Sie erinnern ein bisschen an die berühmten Prilblumen, die ebenfalls kurz nach Achtundsechzig en vogue waren. Etwas aus dem

Love and Peace-Rahmen fällt nur ein Bumpersticker auf Chinesisch: »Es gibt Bären hier. Pass auf!«

Wie um dieses bunte Retro-Bild abzurunden, hat sich in den letzten Monaten im ganzen Land geradezu explosionsartig ein Äquivalent zum Wackeldackel ausgebreitet, der ja ebenfalls in den siebziger Jahren in Deutschland zur Standardausrüstung vieler Autos zählte. Nur handelt es sich in China hauptsächlich um Wackelblumen, die man auf der Konsole hinter der Windschutzscheibe platziert. Die Wackelblume wackelt mit ihren zwei Plastikblättern, die durch eine Fotozelle angetrieben werden. Das ist schon ziemlich öko.

Ich aber frage mich: Was passiert hier als nächstes? Lassen sich alle lange Haare wachsen, führen wilde Reden und brechen Straßenkämpfe vom Zaun? Wahrscheinlich ist das nicht, schließlich gab es das schon alles in der einen oder anderen Form. Eher werden auch hierzulande in ein paar Jahren alle nur dick und langweilig werden. Gleichzeitig erinnert man sich aber sehr gerne an eine irre, wilde Zeit, als die Autos verrückte Aufkleber und – hihi – Wackelblumen zierten.

EINGEHOLT VON MACKIE MESSER (9)

Ich hatte immer Angst vor Bertolt Brechts »Dreigroschenoper«. Das muss an meinem Vater liegen. Als ich ein kleines Kind war, sang er mir gerne aus der »Moritat von Mackie

Messer« vor und versuchte dabei, seiner Stimme ein diabolisches Timbre zu geben. Er konnte allerdings nur die ersten vier Zeilen auswendig, und selbst bei denen machte er einen kleinen Fehler. »Und der Haifisch, der hat Zähne / Und die trägt er im Gesicht / Und Mackie, der hat ein Messer / Doch das Messer sieht man nicht.« Es hätte natürlich »Macheath« statt »Mackie« heißen müssen. Trotzdem: Diese Zeilen reichten aus, um mir für den Rest meines Lebens Angst vor diesem Mackie einzujagen.

Später, als braver deutscher Maoist, hatte ich mit Brecht dauernd Umgang. Das »Einheitsfrontlied«, der Film »Kuhle Wampe«, die »Maßnahme«, solche Sachen. Nur seinem berühmtesten Werk, der »Dreigroschenoper«, ging ich aus dem Weg. Und jetzt wurde ich von diesem Stück ausgerechnet hier in Peking eingeholt. In Unkenntnis meiner Phobie hatte nämlich meine Frau beschlossen, bei der »Dreigroschenoper« im hiesigen deutschen Chor mitzusingen. Vor drei Wochen war Premiere in der Deutschen Botschaftsschule. Das hieß: Ich konnte mich vor einem Besuch unmöglich drücken. Also fing ich an, mich zum ersten Mal in meinem Leben mit dem vermaledeiten Stück zu beschäftigen. Dabei machte ich eine erstaunliche Entdeckung.

Denn betrachtet man die Entstehungsgeschichte des Stücks genauer, stellt man bald fest, dass es nichts anderes ist als eine Raubkopie. Den Handlungsrahmen hat Brecht von John Gays »Beggar's Opera« übernommen, einem Stück aus dem Jahr 1728, das in den zwanziger Jahren wieder entdeckt wurde und in England große Erfolge feierte.

Ganze Verse der einzelnen Lieder hat der Autor bei dem Franzosen François Villon abgeschrieben, und Zeilen des »Kanonensongs« wurden von Rudyard Kipling geklaut. Außerdem hat Brecht Teile des Stücks von seiner damaligen Freundin Elisabeth Hauptmann schreiben lassen. Die tauchte zwar anfangs noch als Miturheberin auf den Plakaten auf, später aber nicht mehr. Als der Kritiker Alfred Kerr speziell Brechts Villon-Plagiat aufdeckte, redete sich der große Autor damit heraus, er habe halt in Sachen geistigen Eigentums eine laxe Einstellung, da »›Anführungszeichen‹« [...] riesig schwer zu dramatisieren« seien.

Eines der erfolgreichsten deutschsprachigen Theaterstücke der Geschichte ist also mit abgekupferten Versatzstücken gespickt. Und kein ernsthafter Kritiker findet heute mehr etwas dabei. Worüber, fragte ich mich, regt man sich also auf, wenn die Chinesen ein paar Autos oder Handtaschen kopieren? Wäre ich einer von ihnen, würde ich erklären: »Das ist kein Fake, sondern Kunst.« Das waren so meine Gedanken während der recht schmissigen »Dreigroschenoper«-Premiere. Kaum hatte ich sie zu Ende gedacht, war das Stück auch schon vorbei, ohne dass etwas Schlimmes passiert war. Und so wurde ich in China auch noch von meiner Mackie-Messer-Phobie geheilt.

DAS SANATORIUM DER KOHLENMINENARBEITER (10)

Ein richtiger Pekinger fährt im Sommer wenigstens einmal nach Beidaihe, dem Seebad 300 Kilometer von hier an der Bohai-Küste. Aus besonderem Anlass erledigten wir in diesem Jahr den Pflichtbesuch bereits Anfang Juni. Die Theatergruppe meines Schwiegervaters sollte bei einem Gesundheitskongress auftreten. Der fand im »Sanatorium der Kohlenminenarbeiter« statt, einer großzügigen Anlage direkt am Meer, wo ansonsten die Staublungenkumpels aus den Bergwerken der Provinz Shanxi wieder aufgepäppelt werden. Bei unserer Ankunft war der Kongress bereits voll im Schwange: Ältere Damen schwebten in rosa Seidenanzügen durch die Hallen. Männer mit Rauschebärten massierten auf dem Parkplatz desolate Kniescheiben. Und Funktionäre standen in den Foyers und rauchten sich im Namen der Gesundheit die Lungen schwarz.

Wir machten zunächst einen Bogen um den Rummel und aßen außerhalb der Anlage zu Abend. Aus dem Restaurantaquarium wählten wir ein Ding zum Essen, das aussah wie ein großer, in einem Horn lebender Penis. Als ihn der Kellner aus dem Wasser nahm, spritzte tatsächlich eine milchige Flüssigkeit aus seiner Spitze. Der Wasserpenis schmeckte dann wie durchschnittlicher Tintenfisch, kostete aber umgerechnet stolze acht Euro. Dafür gab's am nächsten Tag für 3,50 Euro Vollpension im Sanatorium. Zum Frühstück empfing uns Onkel Li, der Chef der Theatergruppe. Wir aßen mit ihm und einem Mann mit gefärbten Haaren und gezupften Augenbrauen, der behauptete, wie dreißig auszusehen, ungefähr wie fünfundvierzig wirkte, tatsächlich aber dreiundsechzig war. Dazu gesellte sich ein anderer mit rotem Gesicht, der mit verbundenen Augen und auf dem Kopf stehend kalligraphieren konnte, wozu er Mundharmonika spielte. So stand es jedenfalls auf seiner Visitenkarte.

Abends wurde dann die große Gesundheitskongressgala gegeben und die Theatergruppe trat auf. Wie immer brachte mein Schwiegervater seinen Dialog zwischen einem fleißigen Ochsen und einem faulen Affen. Der Affe kam nicht gut weg. Neu im Programm war eine Nummer, in der es um Umweltschutz ging, und die zwei neu zur Gruppe gestoßene Damen aufführten. Das Publikum interessierte sich nicht die Bohne für die erbaulichen Sketche. Stattdessen begeisterte man sich für die Tänze verschiedener ethnischer Minderheiten Chinas, die von einer Gruppe älterer, aber drahtiger Scharteken in wechselnd bunten Kostümen dargeboten wurden. Obwohl keine Tänzerin tatsächlich einer ethnischen Minderheit angehörte, filmte ich die ganze Show.

Im Zug zurück in die Hauptstadt erklärte mein Gegenüber auf der Bank seiner etwa achtzigjährigen Tante drei Stunden lang schreiend, wie er mit dem Verkauf von zwei Parkplätzen 300.000 Yuan verdient hatte, und weshalb alle sonstigen Menschen blöde Fotzen seien, die allesamt keine Ahnung hätten und mal besser die Fotze ihrer Mutter ficken täten. Die alte Dame lachte alle fünf Minuten begeistert auf. Im selben Rhythmus stand der Fotzenprediger auf und rotzte in den Papierkorb. Und plötzlich dachte ich wieder daran, was für ein Glück ich habe, in China zu leben. Woanders halte ich es ja gar nicht mehr aus.

DORO RETTET GOETHE (11)

Ich gebe zu: Diese Kolumne war schon vor dem eigentlichen Ereignis fertig, jedenfalls in meinem vorurteilszerfressenen Kopf. Das Musikprogramm, mit dem das hiesige Goethe-Institut unter der Überschrift »Total Berlin! Total Deutschland!« – es fehlte »Total Krieg!« – uns Pekinger in diesem Juni bespaßen wollte, war nämlich wieder mal höchst bizarr. Eingeladen waren Bands, von denen man wohl nur bei Goethens überzeugt war, sie seien in Deutschland »berühmt«, u. a. die Heavy-Metal-Band Suidakra, die angebliche Punkband Vorzeigekinder, ein »Rockstar« namens Kira (»die mit dem Herzen singt«), die Gruppe Fotos und die Torpedo Boyz, dazu die Gothic-Rentner Deine Lakaien und zum zweiten Mal in Folge die Alt-Metallerin Doro Pesch. »Was Popmusik angeht«, hieß es, »sind sie es, die Berlin und Deutschland ganz und gar repräsentieren können.«

Vor allem diese gewagte Goethe-These wollte ich hier bezweifeln. Total Berlin? Laut Wikipedia kamen die meisten Musiker aus Monheim (Kreis Mettmann), Osterholz-Scharmbeck, Wuppertal und Landsberg. Nur die Werbejingle-Band Torpedo Boyz (Nestlé) hatte einen gebürtigen

Berliner im Aufgebot. Bis auf Doro Pesch (New York) war also die totale Provinz nach Peking eingeflogen worden. Aber den Chinesen, so meint man wohl, kann man viel erzählen. Wenn es wenigstens interessante Bands gewesen wären. Doch das meiste, was ich mir von ihnen vorher aus dem Netz gezogen hatte, klang langweilig bis tausendmal gehört. Genau das wollte ich an dieser Stelle geißeln, wobei der Text in einem Aufruf zur Abschaffung der Goethe-Institute gipfeln sollte. Wer den Einfluss dieser Kolumne kennt, weiß, dass das der Todesstoß für diese Einrichtung gewesen wäre. Immerhin habe ich schon mal einen Außenminister gestürzt. Naja, fast.

Die Goethe-Institute gäbe es also nicht mehr, wäre ich zum Eröffnungsabend der Veranstaltungsreihe mit »original berlinerischster und deutschteste Popmusik« (Goethe) einfach nicht hingegangen. Doch ich ging. Zunächst lief auch alles wie gedacht. Beim »VIP-Empfang« vor dem Konzert wurde von ein paar Hundert gelangweilten Chinesen erst das opulente Buffet, dann ein Brandenburger Tor aus Sahne verspachtelt. Anschließend spielte Fotos (vorletzter Platz beim diesjährigen Bundesvision Song Contest in Potsdam) auf der Bühne irgendwas, das wie der millionste Aufguss von Tomte klang, nur verdaddelter. Genau das hatte ich erwartet und ich rieb mir ob des zu schreibenden Verrisses schon meine rauhen Hände. Aber dann kam ausgerechnet Doro Pesch und zerschmetterte mir mit ein paar simplen Akkorden den ganzen schön zurechtgelegten Text. Natürlich war das Musik, die sich zu Hause kein Mensch mit zwei intakten Ohren wirklich zumutet. Doch live klang sie plötzlich so frisch und kräftig, dass mich – genauso wie die plötzlich völlig enthusiasmierten Chinesen – eine Begeisterungswelle nach der anderen überkam. Woran das lag? Vielleicht nur daran, dass das hier nicht »deutschest« war, denn schließlich waren bis auf die Exildeutsche Pesch die anderen mitgereisten Bandmitglieder Amerikaner. Dass sie am Ende Goethes deutschen Abend retteten: Eventuell denkt mal einer – zwei gehen auch – drüber nach.

STREIKEN MIT AI WEIWEI (12)

Eigentlich ist Ai Weiwei kein schlechter Mann. Seine Idee, auf die letzte Documenta 1.001 Chinesen zu bringen, war zwar keine Kunst, aber wahrscheinlich gerade deshalb die beste Documenta-Aktion seit ... ach, das können Sie sich jetzt mal selbst ergoogeln. Noch besser ist, dass sich Herr Ai inzwischen kaum mehr für Kunst zu interessieren scheint. Stattdessen versucht er, per Blog und Twitterei die chinesische Regierung zu nerven. Das kann er sich leisten, denn er ist nicht nur eine internationale Berühmtheit, sondern auch ein Mann mit einem Sack voll Geld, der einen Stab von Angestellten hat und in den Suburbs von Peking in einem großen Villenkomplex residiert, der so groß ist wie anderswo moderne Kunstmuseen.

Natürlich ist das Nerven von Regierungen ebenfalls eine gute Sache. Wenn es auch die Regierungen nicht beseitigt, so macht es sie doch schlauer. Allerdings ließ Ais jüngste Nervidee doch einiges zu wünschen übrig: Für den ersten Juli rief er zu einem chinaweiten Internet-Streik auf. Ab diesem Stichtag, so hatte die Regierung angeordnet, sollten nämlich in ganz China nur noch Computer mit so genannter Green-Dam-Porno- und Polit-Filtersoftware verkauft werden dürfen. »Aber«, so fragte ich den Meister, als ich ihn kurz vor dem avisierten Streik zusammen mit einem Pulk Journalisten besuchte, »ist denn diese ganze Filtersoftware nicht nur ein Witz?« Schließlich wusste zu diesem Zeitpunkt bereits jeder zweite Chinese, dass das Programm nicht funktionierte, und auch ohne Weiteres von der Festplatte zu löschen war. Obendrein hatte sogar die staatliche Presse die Einführung des Filters massiv attackiert. »Wir dürfen«, schrieb z. B. *China Daily*, »der Green-Dam-Software nicht erlauben, unseren Weg in die Zukunft zu blockieren.«

Damit war der ominöse grüne Damm eigentlich schon vom Tisch, bevor ihn die Regierung dann am 30. Juni offiziell beerdigte. Doch obwohl das abzusehen war, wollte Herr Ai von seinem Internet-Streik nicht lassen. Kein Mensch in China sollte am 1. Juli online gehen. »Aber wie wollen Sie«, bohrte ich weiter, »die Beteiligung am Streik überprüfen?« Ai verstand nicht ganz. Ich wiederholte: »Wie messen Sie denn den Streik-Erfolg?« »Der Erfolg ist doch schon eingetreten«, gab Ai Weiwei zurück. »Sofort nachdem ich die Streikidee gebloggt hatte, meldete sich die internationale Presse bei mir. Ich habe dann etliche Interviews gegeben.«

Das ist anscheinend eine ganz neue Form von Streik, die ich noch nicht kannte. Je länger ich aber über sie nachdenke, desto besser gefällt sie mir. Vielleicht sollten wir einen solchen Ai Weiwei-Streik auch in Deutschland mal probieren. Also: Hiermit fordere ich alle Leser auf, zwei Wochen lang in einen Zeitungslesestreit zu treten, bis das Merkel-Regime nachgibt, und äh … den Palast der Republik abreißt … im September Wahlen anberaumt … und es den 23. Juli werden lässt. Dann sollte der Streik allerdings beendet werden, weil die nächste Folge dieser Kolumne erscheint. Und damit ist für heute Schluss. Ich will mich noch ein bisschen vorbereiten, weil gleich das Telefon klingelt und ich der Weltpresse einen Haufen Interviews geben muss.

DRUCKT DIE FOTOS DER ERSCHLAGENEN HAN-CHINESEN! (13)

Eigentlich wollte ich heute etwas Lustiges über die chinesische Ächzsprache bringen. Doch dann ereignete sich Anfang dieses Monats etwas im Westen Chinas, das die deutsche Presse als »Demonstrationen«, »Unruhen« oder als »Krawall« beschrieb. Deshalb fällt das Lustige heute aus. Tatsächlich waren nämlich diese »Unruhen« in Urumqi, der Hauptstadt der autonomen Region Xinjiang, nicht anderes als ein Massaker oder treffender: ein Pogrom. Und das wurde nicht von der chinesischen Polizei veranstaltet, sondern von Teilen der uigurischen »Demonstranten«.

Um das herauszufinden, brauchte allerdings auch ich zunächst ein wenig Zeit. Als ich die ersten Nachrichten von Toten in Urumqi hörte, hatte ich zunächst die chinesische Polizei als Täter in Verdacht. Doch dann bemerkte ich aufgrund von Fotos und Videos, die offenbar uigurische Aktivisten kurz nach dem Ausbruch erster Krawalle ins Internet gestellt hatten, dass an dieser Version etwas nicht stimmen konnte. Die Polizisten, die hier den uigurischen Demonstranten gegenüberstanden, machten eher einen hilflosen als aggressiven Eindruck. Auch gab es trotz der Bilderflut nur sehr wenige Fotos von uigurischen Opfern. Stattdessen waren im Netz bald eine große Zahl von Fotos zu finden, die erkennbar überwiegend Han-Chinesen zeigten, die mit zerschmetterten Schädeln und verrenkten Gliedern in ihrem Blut mitten auf der Straße lagen. Die meisten Opfer waren mittelalte bis ältere Männer und Frauen, manche waren mit dem Fahrrad unterwegs. Und ziemlich offensichtlich wurden sie nicht bei Straßenkämpfen getötet. Man hatte sie zu Tode geprügelt, erstochen oder mit Steinplatten erschlagen, offenbar nur, weil sie Han-Chinesen waren.

Natürlich wollte ich von diesem furchtbaren Fund Mitteilung machen. Deshalb verlinkte ich einige Opferfotos auf meiner Facebook-Seite. Ein Freund aus Deutschland kommentierte: »Nein, davon erfährt man aus der hiesigen Presse nichts.« Dafür wurde hier der Propaganda des uigurischen Oppositionsbündnis »World Uyghur Congress« um Rebiya Kadeer viel Platz eingeräumt. Der WUC behauptete unter anderem, die chinesische Polizei habe unter den Uiguren »ein Massaker ohne Beispiel« angerichtet, mit Tausenden von Toten. Dass das eine ausgemachte Lüge war, stand in den deutschen Zeitungen nicht. Das aber schrieb wenigstens zu Teilen die angelsächsische Presse, deren Reporter in Urumqi recherchierten. Der britische *Telegraph* erklärte: »Es gibt kaum Beweise, die Frau Kadeers Behauptungen stützen. Eine Serie von drastischen Fotos zeigt dagegen eine überwältigende Anzahl von han-chinesischen Leichen ...« Ähnliches las man auch im *Guardian,* im *Economist* und in einer *AP*-Meldung. Ich aber frage mich, wann der Tag kommt, an dem auch die deutsche Presse über Ereignisse in China ähnlich unvoreingenommen berichtet? Ein Anfang könnte sein, wenn jede deutsche Zeitung wenigstens ein Foto der in Urumqi hingemetzelten Han-Chinesen abdruckte. Nur eins!

──────────────────────────────── Bis auf die Zeitschrift Konkret ist meines Wissens keine deutsche Zeitung diesem Aufruf gefolgt. In Konkret illustrieren mehrere Fotos einen Text, in dem ich noch einmal detaillierter ausbreite, weshalb ich der Meinung bin, dass die Täter in Urumqi uigurische Separatisten waren. Der Artikel findet sich im Anhang.

ANTIPOSING IN PEKINGS PRINZENBAD [14]

Im Sommer ist es in Peking durchgehend heiß und schwül: Eigentlich perfektes Freibadwetter. Doch leider gibt es für uns siebzehn Millionen Pekinger nur sehr wenige Freibäder. Das liegt wohl daran, dass, wie an jedem Badestrand zu sehen, die meisten Chinesen eine panische Angst vor Wasser haben und deswegen das Schwimmen gar nicht erst erlernen. Wie bei den letzten olympischen Spielen die vielen chinesischen Goldmedaillen im Schwimmen zustande kamen, bleibt deshalb eins der großen Menschheitsrätsel.

Weil also die meisten Chinesen Nichtschwimmer sind, ist in den wenigen Freibädern kein Becken tiefer als ein Meter fünfzig. Das letzte Becken, das eins achtzig tief war, gab's im Arbeiterstadion-Schwimmbad. Doch weil das eine so mörderische Tiefe ist, musste jeder, der auch nur das Areal um das Becken herum betreten wollte, sich vorher einer Gesundheitsprüfung durch zwei pensionierte Krankenschwestern unterziehen. Die horchten mit einem Stethoskop Herz und Lunge ab und maßen mit zittrigen Fingern den Blutdruck. Anschließend hatte man zwanzig Minuten unter Aufsicht eines rauen Bademeisters in dem Becken zu schwimmen. Wer diesen Test überlebte, erhielt einen Pass, der es ihm erlaubte, den schwer bewachten Checkpoint zum »Tiefen« zu passieren. Ich habe den Pass vor drei Jahren bekommen, aber als ich ihn ein zweites Mal benutzen wollte, war das Schwimmbad geschlossen. Es hat dann auch nicht wieder aufgemacht und rottet auch heute noch mitten in der City lustig vor sich hin. Wahrscheinlich um keine Menschenleben zu gefährden.

Das Arbeiterstadion Schwimmbad war auch das letzte Freibad in Peking, das noch ein rechteckiges Schwimmbecken hatte. Die heutigen Bäder sind dagegen alle Spaßbäder mit Becken, die amorphe Formen haben, fünferlei Rutschen, hineingemauerte Piratenschiffe und Elefanteninseln. Der meiste Schnickschnack ist jedoch kaputt oder abgestellt. So bleibt dem Badegast eigentlich nur, im Wasser herumzustehen, die anderen Gäste mit dicken Wasserbazookas nasszuspritzen und so laut, wie es die eigenen Stimmbänder erlauben, zu schnattern. Ein paar Taugenichtse nutzen auch die Gelegenheit, ihren Tattoos (Drachen, Goldfische, nackte Weiber) den Pekinger Himmel zu zeigen.

Nur in der Waterworld im Qingnianhu Park ist alles ein bisschen anders. Hier gibt es nämlich eine langgezogene Betontreppe mit fünf großen Stufen, auf der man liegen, sitzen, lesen und herumposen kann, ganz so wie auf der berühmtesten Freibadposertreppe der Welt im Berliner Prinzenbad. Die Pekinger Treppe wird aber nur am Wochenende benutzt, wenn die Beckenränder hoffnungslos überfüllt sind, und dann auch meistens nur von Ausländern. Das muss wohl daran liegen, dass es die Chinesen nicht so mit dem Posen haben.

Mir kommt das sehr entgegen. Denn so ist ausgerechnet in der überbevölkerten Riesenstadt Peking ein alter Lebenstraum von mir in Erfüllung gegangen: Eine Freibadposertreppe nur für mich. Hier kann man mich jetzt fast jeden

Tag herumlümmeln sehen, immer wieder belinst von Pulks neugieriger Chinesen. Sollten Sie aber nach diesem Text auch Lust auf das Qingnianhu-Bad bekommen haben: Von mir aus kommen Sie! Aber Hände und Körper weg von der Treppe! Die gehört mir!

_____ Dass die Poser-Treppe im Qingnianhu-Bad inzwischen auch von einigen Chinesen zum Posen benutzt wird, hatte ich bereits im Vorwort erwähnt. Dass sie sich dafür extra mit extrem glänzenden und tiefbräunendem Kokosnussöl einschmieren, noch nicht. Mehr zum Umgang der Chinesen mit tiefem Wasser findet sich im Kapitel »Chinesen am Strand«.

MILLIONÄR WERDEN UND BLEIBEN! EIN RATGEBER (15)

Als sich China vor mehr als dreißig Jahren der Welt öffnete, wurden die hiesigen Buchhandlungen sofort mit Ratgebern überflutet, in denen die Autoren beschrieben, wie man sehr schnell unglaublich viel Geld verdienen kann. Auch heute noch stehen in den chinesischen Bestsellerregalen praktisch ausschließlich Bücher, die »Start Up From Nothing« (echt), »100 Great Sales Ideas« (echt) oder »Blitzkrieg Economics« (ausgedacht) heißen. Natürlich werden solche Ratgeber auch anderswo auf der Welt gekauft. Der Unterschied: In

China werden sie gelesen und ihre Rezepte auch tatsächlich umgesetzt. So kommt es, dass es nach einer Erhebung des Magazins *Hurun Report* hierzulande momentan 825.000 Euro-Millionäre gibt, davon die meisten in Peking. Kein Wunder also, dass ich dauernd welche treffe.

So hatte meine Frau und mich neulich einmal mehr ein Multimillionär eingeladen. Anlass war die Eröffnung seines 50.000 Quadratmeter großen Outlet-Centers vor den Toren Pekings. Es war eine große Sause. Tausende Menschen strömten aus der Stadt herbei, um das eilig zusammenbetonierte Boutiquen-Ensemble zu bewundern, und sich zum Discount-Preis mit Klamotten von Armani, Burberry bis hinunter zu Adidas einzudecken. Filmstar Fan Bing Bing war auch gekommen, in einem schwarzen Stretch-Cadillac. Um die ganzen Leute bei Laune zu halten, kasperte eine Schar europäischer Zauberkünstler, Jongleure und Mädchen in ultraknappen Miniröcken auf der Entertainement-Plaza herum. Chinesen lieben putzige, weiße Menschen, die für sie kleine Kunststückchen machen. Dazu quoll ausschließlich »Dancing Queen« von Abba aus den Lautsprechern, den ganzen Party-Abend lang.

Der Multimillionär war hocherfreut uns zu sehen. Er plauderte mit uns über seine Lieblingsbeschäftigung: Geld machen. Und noch mehr Geld. Wie wir selbst sehen könnten, klappe das gerade mal wieder prächtig. Die Eröffnung des Klamottencenters auf der grünen Wiese jedenfalls liefe optimal. »Und demnächst werde ich noch ein Outlet eröffnen. Ein kleines Dorf, wo man nur teuren Wein einkaufen kann.« Dann rieb er sich die Hände und meinte: »Wisst Ihr was? Ich lade Euch zum Essen ein.«

Mein Magen machte vor Freude einen kleinen Hüpfer. Selbst einfache Chinesen geben für Essen ein Vermögen aus. Da würde uns der Multimillionär sicher ein Festmahl spendieren, wie wir es in diesem Leben noch nicht gegessen hatten. Doch wir gingen nur wenige Schritte und standen plötzlich vor dem frischeröffneten Fastfoodrestaurant des Outlet-Centers. Hier drückte uns der Multimillionär eine grüne Plastikkarte in die Hand und verkündete mit großer Geste: »Bestellt was ihr wollt, auf meine Kosten.« Fünf Minuten später saß ich vor einer Nudelsuppe im Wert von 1,20 Euro und betrachtete das einzige Stück Rindfleisch, das in der Schüssel schwamm. Genau so, ging es mir dabei durch den Kopf, wird man nicht nur Millionär; so bleibt man auch einer. Und ich beschloss sofort, auch einen dieser Geldbestseller zu schreiben. Das dürfte nicht weiter schwer sein. Immerhin habe ich jetzt schon das erste Kapitel.

GRRR, GARGEL, ÄCHZ [16]

Seitdem ich hier neulich einen Beitrag über die chinesische Ächzsprache angekündigt habe, reißen die E-Mails von Lesern nicht mehr ab, die alle wissen wollen, was es denn mit diesem seltsam heißenden Idiom auf sich hat. Damit ich die Mails nicht alle einzeln beantworten muss, folgt hier die

Sammelerklärung: Ächz ist noch vor Chinglish die erste Fremdsprache, die sehr viele Chinesen beherrschen.

Was Chinglish ist, ist ja wohl inzwischen durch zahlreiche Blogs oder auch aus meinem Standardwerk »Bliefe von dlüben« bekannt. Für den, der es trotzdem nicht weiß: Chinglish ist meistens eine wortwörtliche Übersetzung aus dem Chinesischen in ein ausgedachtes Englisch. Schöne Beispiele findet man auch in zwei von Oliver Lutz Radtke herausgegebenen, lustigen Chinglish-Büchern: »If you are stolen, call the police at once« (auf einem Schild in der Shanghaier U-Bahn) oder »Do not vote in the pool« (an einem Teich in Chongqing). Ich schätze mal, das Prinzip ist klar.

Aber wie geht Ächz? Bevor ich ein Beispiel gebe, hier erst einmal der Versuch einer Definition: Ächz ist eine nonverbale, oder besser: präverbale Stöhnsprache, die viele Chinesen Ausländern gegenüber benutzen. Dabei gehen diese Chinesen davon aus, dass der Ausländer des Chinesischen nicht mächtig ist, und er präverbales Geächze besser versteht als auch nur ein Wort in der Landessprache. Tatsächlich hat es Zeiten gegeben, da war diese Annahme richtig. Doch mittlerweile sprechen rund vierzig Millionen Nicht-Chinesen weltweit Hochchinesisch. Trotzdem beharren auch heute noch viele Chinesen darauf, dass sie sich in Ächz dem Ausländer besser verständlich machen. Frage ich zum Beispiel in astreinem Hochchinesisch nach dem Weg, antwortet mir mein Gegenüber so: »Grrrr, würg, gargel, öchze, öchze, ächz.« Dabei gestikuliert er wild und deutet in eine oder auch mehrere Himmelsrichtungen. Er hat also meine Frage offensichtlich verstanden. Doch zu erkennen, dass das wahrscheinlich auch bedeutet, dass ich wenigstens etwas Chinesisch sprechen und verstehen kann, daran hindert ihn ein irgendwo im Hinterkopf eingebautes Programm.

Ein Äquivalent zum chinesischen Ächz ist wohl die deutsche ›Kanaksprak‹, der sich auch manche Eingeborene bedienen, weil sie glauben, ansonsten von eingewanderten Menschen und ihren Nachfahren nicht verstanden zu werden. Das ist meistens genauso großer Blödsinn. Aber natürlich ist es auch lustig, Antworten auf Ächz zu erhalten, vor allem, weil sich viele Sprecher dabei angestrengt verrenken, um ihrem Geächze Nachdruck zu verleihen. Manchmal aber nervt Ächz entschieden. Dann antworte ich dem Fragenden auf Wuff, einer von mir selbst erfundenen Bellsprache. Blöd nur, dass die Ächzsprecher meistens glauben, dass Wuff meine Heimatsprache sei. Neulich wechselte sogar einer, den ich angebellt hatte, von Ächz ins Hochchinesische und sagte: »Xie xie« – »Danke«. Ich frage mich immer noch, was er verstanden haben mag.

_____ Für Ächz gibt es im Chinesischen noch keine Schriftzeichen. Die chinesische Umgangssprache ist aber auch voll mit anderen Interjektionen, die meistens einem Satz vorausgehen. Sie können Verwunderung, Erstaunen, Zweifel, Bedauern, Schmerz, Zustimmung, einen bloßen Zuruf oder Tadel ausdrücken und die auch geschrieben werden. Typische Interjektionen sind: 啊 (a), 唉 (ai), 嗯 (ng), 喔 (o), 呀 (ya), 哟 (yo), 唷 (noch ein yo), 哎呀 (aiya), 哎哟 (aiyo) oder 嗨 (hai). Wer sie beherrscht, kann eigentlich schon eine halbe chinesische Konversation bestreiten.

DER ERSTAUNLICHE INNERE MONGOLE (17)

Wüste Geschichten hört man hier in Peking immer wieder über die Trinksitten der nördlich von uns wohnenden Mongolen. Man liest auch so einiges. Zwölf Liter reinen Alkohol, so weiß z. B. *Mongolia Today,* trinkt ein Bewohner der Mongolei pro Kopf und Jahr. Das sind zwei Liter mehr als der dem Alkohol auch nicht abgeneigte Deutsche.

Dieses erstaunliche Schluckvermögen wollte ich neulich selbst einmal vor Ort überprüfen. Mein Wissensdurst hielt sich allerdings mit einer gewissen Furcht die Waage. Also entschied ich, zusammen mit meiner reizenden Dolmetscherin nicht in die Äußere, sondern in die Innere Mongolei zu fahren. Die unterscheidet sich von der Äußeren zunächst einmal dadurch, dass sie nicht selbstständig ist, sondern zu China gehört. Von dieser Tatsache versprach ich mir einen gewissen, den Mongolen mäßigenden Einfluss.

Es dauerte allerdings ein paar Tage, bis wir unterwegs einen ersten engeren Kontakt zu echten Mongolen aufnehmen konnten. Dabei kam uns der Zufall zu Hilfe. Mitten in der Steppe hatten wir den falschen Linienbus erwischt und waren ratlos, wo wir übernachten sollten. Da bot uns eine junge mongolische Passagierin an, bei ihrer Familie unterzukommen. Zwei Stunden später fanden wir uns abseits aller Straßen in einer aus Lehm und Mist gebauten kleinen Hütte wieder, in der es weder fließend Wasser noch eine Toilette gab. Dafür waren wir von freundlichen Menschen umringt: Vater, Mutter, zwei Töchter und ein Sohn. Dazu kamen noch ein paar Esel, Kühe, Pferde, drei Hunde und vierhundert Ziegen und Schafe. Uns zu Ehren verkündete der Vater, diese Herde auf 399 zu reduzieren.

Vier Stunden lang wurde ein Schaf geschlachtet, ausgenommen und gekocht. Schließlich wurde in der Hütte aufgetragen. Das war der Moment, vor dem ich mich gefürchtet hatte. Zwar war ich hungrig wie ein Steppenwolf. Doch ich wusste, dass ich gezwungen sein würde, das Fleisch mit literweise Schnaps herunterzuspülen. Tatsächlich holte der Vater eine große Flasche chinesischen Baijiu aus dem Schrank und öffnete sie grinsend. Ich habe schon öfter von diesem Zeug getrunken, und weiß, dass man nach nur drei Gläsern am nächsten Morgen vor Übelkeit und Elend den Tag seiner Geburt verfluchen wird. Deshalb gehe ich diesem Getränk inzwischen aus dem Weg. Aber hier, unter waschechten Mongolen, würde ich meinem Schicksal nicht entkommen können.

Wer beschreibt mein Erstaunen, als der Vater nur drei winzige Gläser füllte: Eins für die Dolmetscherin, eins für mich und eins – für seine Frau. »Mein Mann trinkt nicht«, erklärte die, »und auch meine Kinder leben abstinent. Ganbei!« Wir tranken die drei Fingerhüte mit der alten Dame und gingen dann auch bald alle zusammen auf dem großen Kang schlafen. Natürlich war ich froh, so glimpflich davon gekommen zu sein. Andererseits weiß ich seitdem nicht mehr, was ich über die Mongolen glauben soll. Wahrscheinlich war auch in ihrer Geschichte alles anders: Dschingis Khan war Pazifist, und die Feldzüge und die Gemetzel hat seine Frau veranstaltet.

RETTET DIE WÜSTE! (18)

Bevor ich in die innere Mongolei aufgebrochen war, hatte ich ein paar Sachen über die dortigen Wüsten gelesen. Im Westen kennt man die meisten unter dem Sammelnamen Gobi. Auf Chinesisch steht Gebi allerdings nicht für eine bestimmte Wüste, sondern für eine Wüstenform. Deshalb haben in China die Wüsten, die man im Westen zur Gobi rechnet, verschiedene Bezeichnungen. Dazu gibt es angeblich noch ein von der Gobi unabhängiges Wüstensammelsurium. Angeblich, weil ich nämlich auf meiner Reise zwar viel Steppe sah, aber kaum eine Wüste, selbst dort, wo sie auf der Karte verzeichnet war. Dabei hatte ich dramatische Berichte gelesen, in denen davon die Rede ist, dass sich die Wüsten Chinas unablässig ausbreiten. Jedes Jahr ginge so eine Fläche von der Größe des Saarlands verloren.

Doch statt eines verwüsteten Saarlands sah ich riesige aufgeforstete Landstriche links und rechts der Straßen. Tatsächlich findet in China gerade das größte Wiederaufforstungsprojekt in der Geschichte der Menschheit statt. Inzwischen sind die neuen Wälder, so weiß man bei Wikipedia, so groß wie ganz Großbritannien. Was ist dagegen das Saarland, selbst wenn dort im Jahr 2008 374 Tonnen Futtererbsen, 80 Tonnen Ackerbohnen und 149.764 Tonnen Getreide (einschließlich Körnermais) geerntet wurden?

Trotzdem gab ich meine Suche nach einer Wüste nicht auf und wurde schließlich südlich der Stahlstadt Baotou fündig. Hier liegt mit der Kubuqi eine Qualitätswüste ganz besonderer Art. Sie soll nämlich über mehr als hundert Meter hohe Sanddünen verfügen, die »singen« können. Das musste ich mir natürlich ansehen – bzw. -hören.

Ich staunte nicht schlecht, als ich schließlich vor der Wüste stand. Hier hatte man einen Parkplatz errichtet, ein Empfangsgebäude, ein Hotel, Restaurants, eine Cafeteria und eine Hochzeitshalle. Vom Parkplatz konnte man für vierzig Yuan (circa vier Euro) mit einer Seilbahn in die Wüste fahren. Natürlich lehnten meine Dolmetscherin und ich die Seilbahn ab. In eine Wüste geht man immer noch zu Fuß. Doch als wir bei den Wüstendünen ankamen, trafen wir auf einen Zaun aus Stacheldraht. Die Wüste selbst kostete noch einmal vierzig Yuan Eintritt, eine Summe, für die man in China bereits schön essen gehen kann. Ohne mit der Wimper zu zucken, zahlten die chinesisch Touristen diesen Preis. Da wurde mir klar, dass Wüsten in China inzwischen wirklich etwas sehr Seltenes und Kostbares sind.

Dabei war auch diese Wüste gar nicht so wüst. Überall standen Fahrzeuge, Tiere und Zelte herum. Mit Quads, Strandbuggys oder »Amphicars« konnte man gegen entsprechende Gebühr durch die Wüste brettern. Man konnte auf Kamelen durch sie reiten, oder sich in einem großen »Desert Outer Space Ball« aus Plastik einschließen lassen und sie durchrollen. Und schließlich konnte man noch für fünfzehn Yuan in einem Schlitten die Dünen herunterrutschen, wobei man sie dann angeblich »singen« hören sollte, so laut wie einen Auto- oder Flugzeugmotor. Das musste ich natürlich ausprobieren. Als ich auf dem Schlitten saß, waren allerdings nicht die geringsten Motorengeräusche zu hören. Statt dessen meinte ich, unter mir sehr dünne Stimmen wahrzunehmen. Die flehten mich an: »Hilfe! Hilfe! Bald sind wir Wüsten völlig ausgerottet. Bitte, bitte, rette uns!«

ORDOS MUSS NICHT SEIN [19]

Am Ende meiner Reise durch die Innere Mongolei wollte ich das Grab von Dschingis Khan besuchen, das südlich der Stadt Dongsheng liegt. Der berühmteste Mongole aller Zeiten liegt hier zwar nicht wirklich begraben, aber – wie es heißt – immerhin seine Seele. Weil wir das Grab an einem Tag nicht erreichen konnten, beschlossen wir in Dongsheng zu übernachten.

Wir hätten es nicht schlechter treffen können. Aber erst

einmal machten wir große Augen. Mitten in der Steppe hatte man Stadtviertel wie aus einem Science-Fiction-Roman hochgezogen, und der Busbahnhof sah aus wie ein Flughafenterminal. Hier erfuhren wir auch, dass es die Stadt Dongsheng eigentlich gar nicht mehr gibt. Im Jahr 2001 war aus ihr ein Stadtbezirk der Megacity Ordos geworden, die mit 86.752 km² größer ist als Österreich.

Diese Zahl las ich allerdings erst später, auch, dass Ordos aufgrund seiner vielen Bodenschätze die Stadt mit dem zweithöchsten Pro-Kopf-Einkommen Chinas ist. Das war nicht zu übersehen. Die letzten Reste der alten Stadt wurden gerade abgerissen, und die neuen Viertel wirkten wie geleckt.

Zunächst sah ich das mit Wohlgefallen. Es gibt wahrlich genug hässliche chinesische Städte. Doch dann wurde mir immer mulmiger. Durch die Stadt patrouillierten Unmengen von Polizeiwagen, auf jeder Straßenkreuzung stand ein Polizist und eines der imposantesten Gebäude in der Stadt war das Polizeipräsidium. Auch die Leute auf der Straße machten einen seltsamen Eindruck. Niemand ging bei Rot über die Straße, und als es ein Mann doch wagen wollte, hörte die Dolmetscherin seine Gattin sagen: »Schatz, wir wollen uns doch an die Regeln halten.« Ich konnte es nicht fassen. In China sind Regeln gewöhnlich dazu da, gebrochen zu werden, und Fußgängerampeln dienen allenfalls der Volksbelustigung.

Das Unangenehmste aber stand uns noch bevor. Als wir wie üblich gemeinsam in einem mittleren Mittelklassehotel einchecken wollten, wurde das verwehrt. »Unser Hotel«, säuselte die Rezeptionistin, »ist für die Unterbringung von Ausländern nicht qualifiziert.« Wir müssten eins der teuren Science-Fiction-Hotels nehmen. Als ich erwiderte, dass das Rassismus sei, dem ich mich nicht beugen würde, holte sie die Polizei. Der Polizist erklärte, es gäbe in der Stadt Ordos eine Bestimmung, dass Ausländer in Hotels dieses schlechten Standards nicht wohnen dürften. Eventuell sei auch das Essen im Hotel für mich gesundheitsschädlich. Das Wohnverbot ergehe also nur zu meinem eigenen Schutz. Vor was oder wem man mich schützen wollte, konnte er mir aber genauso wenig erklären, wie er keine Antwort darauf wusste, weshalb denn den chinesischen Hotelgästen das eventuell verdorbene Essen nicht schaden würde. Aber weil der Schutzmann halt der Schutzmann war, gab ich das Wortgefecht mit ihm nach einer Stunde auf.

Wir kamen dann doch noch in einem anderen Hotel unter. Hier kümmerte sich der Guerillahotelier nicht um die Bestimmungen, wahrscheinlich weil das Hotel entschieden miserabler war als das, in dem wir eigentlich hatten wohnen wollen. Am nächsten Morgen besuchte ich dann Dschingis Khan. Vor seinem prächtigen großen »Grab«, das auf einem kleinen Hügel lag, ertappte ich mich dabei, wie ich plötzlich zu einer kleinen Rede anhob: »Komm, großer Khan«, entfuhr es meinem Mund, »aus deiner Gruft, und wüte doch ein bisschen mit deiner wilden Horde in diesem oberaufgeräumten Ordos.« Danach verließen die

Dolmetscherin und ich die ungastliche Riesenstadt auf dem Fuße.

DURCHS TAL DER AHNUNGSLOSEN (20)

Diese Kolumne kann leider schon wieder nicht so richtig lustig werden, denn seit ein paar Wochen halte ich mich nicht in Peking auf. Ich bin auf einer mittelgroßen Tournee durch die deutschsprachigen Gebiete unterwegs und lese aus meinem neuen China-Smasher »Bliefe von dlüben« vor, um den Hiesigen mein neues Heimatland ein wenig näher zu bringen. Ein hartes Stück Arbeit, zumal die Ahnungslosigkeit immer noch sehr groß ist.

Nehmen wir das Feuilleton der Frankfurter Allgemeinen Zeitung. Von dem wurde ich gleich nach meiner Landung in Berlin mit großem Hallo empfangen. Redakteur Andreas Platthaus warf mir und einigen deutschen Sinologen in einem Leitartikel vor, Menschenrechtsverletzungen in China weitgehend zu ignorieren und zu viel Rücksicht auf die chinesische Regierung zu nehmen. Das ist natürlich Unsinn. Ich hatte in »Bliefe von dlüben« lediglich davon geschrieben, dass die deutschen Zeitungsredaktionen bevorzugt über »Menschenrechtsverletzungen, Umweltskandale, Bauernaufstände und Krawalle von Minderheiten« in China berichten, aber positive Meldungen weitgehend fehlen. Außerdem würde häufig schlecht recherchiert.

Dafür ist auch die *FAZ* ein gutes Beispiel. In ihrer Literaturbeilage zur diesjährigen Buchmesse findet sich auf Seite 8 die Reproduktion eines alten chinesischen Propagandaposters. Die Bildunterschrift lautet: »Der rote Tod: Eine Propagandaschrift des Jahres 1974 ruft Lehrer und Schüler zur Teilnahme an der Kulturrevolution auf, die Millionen Menschenleben fordert.« Auf Seite 15 lesen wir dagegen, der »permanente Ausnahmezustand« der Kulturrevolution habe »mehrere hunderttausend Menschen das Leben« gekostet. Das ist schlimm genug, doch eine signifikant andere Zahl, die der Wahrheit wohl viel näher kommt. Auch die Behauptung auf Seite 28, dass Angehörige der uigurischen Minderheit in der chinesische Propaganda zu terroristischen »Monstern« stilisiert würden, entspricht keinesfalls der Realität. Das Gegenteil ist richtig, was ich an zahlreichen Zitaten aus der chinesischen Presse belegen kann.*

Allerdings findet selbst in der *FAZ* immer wieder auch seriösere China-Berichterstattung statt, hauptsächlich in den Artikeln ihres großartigen Peking-Korrespondenten Mark Siemons. Der schrieb zum Buchmesseauftritt Chinas einen Text, den jeder auswendig lernen sollte, der sich künftig im deutschen Feuilleton zu China äußert. Siemons betont darin, dass es ein großer Irrtum sei, zu glauben, die Situation in China sei vor allem »durch den Gegensatz von ›Staat‹ auf der einen und ›Dissidenten‹ auf der anderen Seite gekennzeichnet«. Vielmehr seien die Grenzen zwischen beiden Lagern fließend. Auch die Buchmessenbeilage der *tageszeitung* brachte differenziertere Ansichten zum Thema

China, nicht zuletzt, weil endlich einmal chinesische Journalisten ausgiebig zu Wort kamen.

Schön wäre es, wenn diese Beispiele Schule machen würden. Dann könnte ich mir künftig Ausflüge ins Reich der politischen Ernstelei sparen, und an dieser Stelle ausschließlich lustige Betrachtungen schreiben. Warten wir es ab.

_____ * Nur ein Beispiel von vielen ist diese Xinhua-Meldung, die am 27. Juli 2009 in der staatlichen Zeitung China Daily stand, unter dem Foto eines Jungen im Krankenbett: »Uygur and Han Students unite against mobs: Wang Mingya, a 16-year-old Han Chinese, is recovering from the injuries during the riot in a hospital in Xinjiang Uygur Autonomous Region, July 9, 2009. Wang said that he was saved by several Uygur teenagers as he was suddenly knocked down and beaten by the rioters on his way home July 5, 2009. ›The teenagers persuaded the mobs to let me go. Without their protection, I might already die. They are my brothers, and I will thank them for my whole life‹ said Wang.« Man mag diese kleine Meldung für Propaganda halten und vielleicht ist sie das auch. Aber wenn es Propaganda ist, dann eine, die zur Versöhnung aufruft und keineswegs zur Rache.

DER MACKENREPORT (21)

Wer längere Zeit in China lebt, der entwickelt bestimmte seltsame Verhaltensweisen und Reflexe. So lange man in China wohnt, bemerkt man sie natürlich nicht, weil dort alle diese Macken haben. Das ändert sich allerdings, wenn man sich wieder für einige Zeit in Deutschland aufhält. So war es auch bei mir, als ich neulich in Berlin ankam. Im ersten Treppenhaus, das ich hier betrat, stampfte ich zunächst einmal laut und vernehmlich mit dem rechten Fuß auf, kaum hatte sich die Eingangstür hinter mir geschlossen. Ein solches Verhalten führt in China dazu, dass sofort das Licht angeht, denn die Lampen in Fluren und Treppenhäusern werden dort fast überall von Geräuschmeldern gestartet. In Deutschland aber konnte ich stampfen, so viel ich wollte. Es passierte nichts. Ich wurde nur von einer Nachbarin angestarrt, die sich offenbar fragte, ob ich sie nicht mehr alle hätte.

Das Licht in deutschen Fluren ist allerdings ein minderes Problem. Nach einigen vergeblichen Stampfereien habe ich mir schnell angewöhnt, wieder nach dem Lichtschalter zu suchen. In deutschen Restaurants und Kneipen weiß ich aber immer noch nicht, was ich tun soll, um die Bedienung auf mich aufmerksam zu machen. In China ist das einfach. Man brüllt einfach ganz laut »Xiao Jie« (»Fräulein«) durch den ganzen Laden, dann kommt sie auch schon angerannt. Aber was macht man in Deutschland? Schon wie man die Bedienung ansprechen soll, ist mir entfallen. »Fräulein« darf man ja wohl nicht mehr sagen, »Herr Ober« klingt nach neunzehnten Jahrhundert und »Bedienung« irgendwie von oben herab. Außerdem ist lautes Rumschreien – so viel erinnere ich mich noch – ebenso verpönt. Also versuchte ich es mehrmals mit einem leisen »Hallo«. Aber auch hierfür erntete ich böse Blicke, und eine Kellnerin maunzte mich an: »Jetzt mal ganz langsam. Ich komme schon zu Ihnen, wenn Sie dran sind.«

Auch sonst muss ich dauernd aufpassen, dass ich nichts falsch mache. Holte ich mir anfangs in jedem Restaurant eine Schachtel Zigaretten aus der Tasche, um mir wie automatisch eine anzuzünden, lasse ich das inzwischen schön bleiben. Ich zwinge mich auch dazu, mich in der U-Bahn nicht sofort an den Aussteigenden vorbei in den Waggon zu quetschen, sobald die Türe aufgeht. Genauso versuche ich beim Einsteigen das übliche Geknuffe und Gepuffe zu vermeiden. Ich bleibe neuerdings auch an einer roten Ampel wieder stehen, wenn sich in der Nähe ein Polizist aufhält. In Peking kann ein ganzes Schock Polizisten am Straßenrand patrouillieren. Das hält trotzdem keinen davon ab, konsequent rote Ampeln zu ignorieren.

Nach ein paar Wochen hierzulande habe ich mir also meine China-Macken ganz langsam wieder abgewöhnt. Ich erschrecke auch nicht mehr, wenn am Sonntag auf den Straßen der deutschen Metropolen weniger los ist, als auf einem durchschnittlichen chinesischen Friedhof. Allerdings geben mir meine Verhaltensänderungen doch zu denken. Wenn ich nach Peking zurückkehre, bin ich wahrscheinlich nicht mehr überlebensfähig.

DEUTSCH-CHINESISCHE NAMENSVERWIRRNIS (22)

Vor zwei Wochen las ich im Berliner *Tagesspiegel* einen Artikel, in dem es um eine Rede des chinesischen Premierministers Wen Jiabao auf dem China-Afrika-Forum in Ägypten ging. Der chinesische Premier, referierte der Autor, habe dort verkündet, die chinesische Regierung wolle künftig in verschiedenen afrikanischen Ländern mehr Geld in Sozialprojekte stecken, und schloss: »Offenbar will Jiabao damit den Kritikern den Wind aus den Segeln nehmen, die behaupten, China sei allein an Afrikas Rohstoffen interessiert.« Nun mag das alles so sein, wie beschrieben, dennoch enthält dieser Satz einen Fehler. Jiabao ist nämlich, anders als vom Autor gedacht, keineswegs der Nach-, sondern der Vorname des chinesischen Premierministers.

Diesen Namensvertauschungsfehler macht die notorisch schlecht über China informierte deutsche Presse öfter, weil sich hierzulande noch nicht flächendeckend herumgesprochen hat, dass im Chinesischen der Nachname vor dem Vornamen steht. Selbst dem beliebten Besserwisserorgan Titanic ist dieser Fauxpas einst unterlaufen. Im September 1990 erschien hier ein Startcartoon, der fragte, wer wohl »Hitler '90« werden würde? Verschiedene Vorschläge wurden gemacht, abgebildet war neben anderen Politikern auch ein gewisser »Xiaoping«. Gemeint war der damals einflussreiche chinesische Politiker Deng, der mit Vornamen Xiaoping hieß. Diesen Fehler hatte sogar ich selbst mit zu verantworten, war ich doch zu diesem Zeitpunkt Redakteur des Magazins.

Nun ist diese Vor- und Nachnamensverwechslung nicht besonders tragisch, auch wenn die Tagesspiegelleser es sicher seltsam finden würden, wäre in dem Blatt nur noch von Bundeskanzlerin Angela die Rede oder vom französischen Staatspräsidenten Nicolas. Aber erstens kommen auch die Chinesen bei der Reihenfolge westlicher Namen durcheinander, so dass ich in China bereits öfter auf Einladungen als »Mr. Christian« firmierte. Und zweitens tragen sie zur allgemeinen Namensverwirrung bei, indem sie auf Klingelschildern, Buchtiteln oder Visitenkarten selbst die klassische chinesische Namensreihenfolge vertauschen, kaum halten sie sich im Westen auf. Dann weiß ein Laie wirklich nicht mehr auf Anhieb, was bei Frau Liu Yang* der Vor- und was der Nachname ist. Mindestens ebenso kompliziert ist es, wenn sie zu ihrem chinesischen noch einen englischen Vornamen tragen, wie z. B. der Hongkonger Gesundheitsminister York Chow Yat Ngok. Hier ist dann der Nachname Chow vom englischen und chinesischen Vornamen in die Zange genommen worden.

Wer sich nun öfter im chinesischen Kulturkreis aufhält, aber auch zuweilen im westlichen, der ist gut beraten, sich ein schönes Mittelinitial zuzulegen, das weder echter Vor- noch Nachname ist. Wenn man dieses dann zu seinem interkulturellen Ersatznamen macht, vereinfacht das die ganze Chose. Auch der Tagesspiegel wäre damit aus dem Schneider, vorausgesetzt er schriebe künftig weniger über chinesische Premierminister, sondern mehr über mich: Herrn Ypsilon.

_____ * Da ich kein Laie bin, weiß ich natürlich, dass der Vorname dieser ausgezeichneten deutsch-chinesischen Grafikerin Yang lautet und der Nachname Liu. Äh, oder war es umgekehrt? Egal: Kaufen Sie ihr tolles Buch »Ost trifft West«!

SCHNELLER NACH OBEN! (23)

Auf der großen Lesetour, die ich in den letzten Monaten durch die deutschsprachigen Lande unternahm, wurde ich immer wieder vom Publikum nach meiner Meinung zur Krise der Weltwirtschaft befragt. Vor allem wollte man wissen, weshalb es in China wirtschaftlich weiter steil aufwärts geht, während es in Deutschland böse kriselt. Das ist tatsächlich eine interessante Frage. Vielleicht liegt es ja daran, dass in China fast alle großen Unternehmen von den Banken über die Eisenbahn bis hin zu den Telekommunikations-, Öl-, Chemie- und Stahlkonzernen staatlich oder zumindest halbstaatlich sind. Zusammen haben diese ganzen Unternehmungen – wie die Nachrichtenagentur Xinhua gerade meldet – in den ersten zehn Monaten dieses Jahres 1,8 Billionen Euro Umsatz gemacht, und dem chinesischen Staat dabei das hübsche Sümmchen von immerhin 100 Milliarden Euro in die Kassen gespült. In Deutschland dagegen wurden in den letzten Jahren fast alle staatlichen Unternehmen privatisiert, so dass jetzt andere das Geld einnehmen, das einst der Staat erhielt.

Aber das kann natürlich nicht der Grund sein. Schließlich haben wir von Kindesbeinen an gelernt, dass nur das freie Unternehmertum die Menschheit in den Wohlstand führt. Deshalb liegt es wahrscheinlich an den Fahrstuhlknöpfen. In China gibt es nämlich in jedem Fahrstuhl einen Knopf, mit dem man den automatischen Schließvorgang beschleunigen und die Fahrstuhltür sofort schließen kann. Dieser »Tür zu«-Knopf fehlt in den meisten Fahrstühlen in Deutschland, denn hier ist gemäß der Europäischen Norm EN 81 nur ein »Tür auf«-Knopf vorgeschrieben. Das heißt, die vertrödelten Deutschen warten mehrere Minuten pro Tag auf das Schließen ihrer Fahrstuhltüren. Die Chinesen nutzen dagegen diese Zeit und produzieren: Hummer-Geländewagen, Zimmerspringbrunnen, iPods, Hochgeschwindigkeitszüge oder Chinakracher. Auch an den Börsen dieser Welt, wo es ja manchmal um Sekunden geht, haben die Chinesen wegen ihres »Tür zu«-Knopfes die Nasen vorne, obwohl diese doch eigentlich ein bisschen kürzer sind.

Aber warum geht es auch in den USA abwärts, obschon man auch dort in praktisch jedem Fahrstuhl einen »Tür zu«-Knopf findet? Ganz einfach: Die meisten »Tür zu«-Knöpfe in nordamerikanischen Fahrstühlen sind Fakes. So schreibt ein Mann namens Jeffsus im Forum des kanadischen *Tribe*

Magazine: »Ich habe noch nie in meinem Leben einen »Tür zu«-Knopf gedrückt und die Tür schloss wirklich.« Und bei *answers.google.com* erklärt jemand, der sich tonymocoga nennt: »Es passiert selten, dass ich in den USA einen »Tür zu«-Fahrstuhlknopf finde, der funktioniert.« So wird den Amerikanern mit dem »Tür zu«-Knopf Macht und Einfluss auf die Fahrstuhltür bloß vorgegaukelt. Zeit spart man mit ihm so wenig wie im knopflosen Deutschland. Soll es also in diesen Ländern wirtschaftlich wieder richtig aufwärts gehen, sollte man vielleicht damit beginnen, funktionierende »Tür zu«-Knöpfe in den Fahrstühlen zu installieren. Hilft aber auch das nicht, müsste man es wohl mit Verstaatlichung versuchen. Probehalber wenigstens.

ES GIBT REIS, BABY! [24]

Vor gut einem Monat veröffentlichte das Welternährungsprogramm der Vereinten Nationen (WFP) eine Erklärung, in der es China für seine Bemühungen lobte, den Hunger in Afrika zu bekämpfen. »Chinas eigener Erfolg«, betonte darin Josette Sheeran, die Direktorin des WFP, »bei der Bekämpfung von Mangelernährung und der ausreichenden Versorgung mit Lebensmitteln ist ein Beispiel für die Welt, wie der Hunger innerhalb einer Generation besiegt werden kann.« Tatsächlich ist dieser Sieg über den Hunger in der Geschichte der Menschheit ohne Parallele. Als China die Zusammenarbeit mit dem Welternährungsprogramm im

Jahr 1979 begann, musste die Organisation noch 400 Millionen Chinesen mit Nahrungsmitteln versorgen. Rund fünfundzwanzig Jahre später, im Frühjahr 2005, konnten diese Hilfen eingestellt werden. Im gleichen Jahr begann China, das WFP mit eigenen Lebensmittellieferungen zu unterstützen, und war damit sofort das drittgrößte Geberland der Welt.

Trotzdem nimmt in anderen Teilen der Welt der Hunger zu. Eine Milliarde Menschen sind unterernährt, stellten die Vereinten Nationen anlässlich des Welternährungstages am 16. Oktober fest. Tendenz steigend. Die *Frankfurter Allgemeine Zeitung* zitierte am 18. November eine Studie des US-Landwirtschaftsministeriums, nach der in den USA 49 Millionen Menschen nicht über genügend Geld verfügen, um regelmäßig ausreichend Nahrungsmittel zu kaufen. Und auch in Deutschland scheinen die Lebensmittel langsam knapp zu werden. Das zumindest fiel mir in den letzten Monaten auf, als ich mein altes Heimatland durchstreifte. Auf dem Oeder Weg in Frankfurt am Main wurde ich vor einem hessischen Restaurant von einer Dame mittleren Alters angesprochen. Sie trug zwar einen feinen Mantel, doch bat sie mich, ihr etwas zu essen zu spendieren: »Ich habe seit Tagen nichts Anständiges mehr zu mir genommen«. Ich war so verdattert, dass ich schnell das Weite suchte.

In Hamburg war ich schon gefasster. Als ich mir vor dem Hauptbahnhof eine Zigarette anzünden wollte, kam mir ein hagerer Typ zuvor. Der Mann wollte aber nicht nur behilflich sein, er hatte auch eine Bitte: »Künnse Sie mir 'ne

Currywurst kaufen? Ich esse sie auch vor ihren Augen auf.«
Also gab ich ihm eine aus, und sah zu, wie er sie heißhungrig runterwürgte. Auch in Berlin ging's um die Wurst. »Bringste mir 'ne Bockwurst mit?«, fragte mich bei einer Ausstellungseröffnung eine junge Schöne. »Ich habe meinen Geldbeutel vergessen.« Vor meiner Auswanderung nach China wurden in Berlin auf Partys oder bei anderen Geselligkeiten nur Zigaretten geschnorrt; das dortige Prekariat war chronisch unternikotiniert. Jetzt hat es anscheinend auch nichts mehr zu essen.

Ich war entsetzt, aber auch froh, dass ich, der ich aus dem reichen China komme, helfen konnte. Aber wer unterstützt die Deutschen, wenn ich demnächst wieder in Peking bin? Wahrscheinlich muss dann der chinesische Staat einspringen. Doch ich warne die Hungernden Deutschlands vorab. China spendiert hauptsächlich Reis, und keine Rippchen oder Currywürste. Am besten schaffen Sie sich schon mal Stäbchen an.

PROFESSOR LEGGEWIE, IHREN WAGEN BITTE! (25)

Kaum war neulich die Weltklimakonferenz in Kopenhagen gescheitert, wussten einige Leute auch schon gleich, dass China daran schuld war. Dazu gehörte der deutsche Umweltminister Röttgen: Nicht um Klimaschutz, erklärte er, sei es der chinesischen Regierung in Kopenhagen gegangen, »sondern um Verhinderung«. Chinesen-Fresser Andreas

Lorenz setzte noch einen drauf, indem er auf *Spiegel Online* behauptete, der in Kopenhagen beschlossene Untergang des Planeten sei in Peking bejubelt worden: »China freut sich über Klima-Fiasko.«

Es gab aber auch ein paar Leute, die nach der Konferenz eine Reihe von Vorschlägen machten, wie das schlimme Klima jetzt doch noch in den Griff zu bekommen sei. Zu diesen gehörten die Professoren Claus Leggewie und Dirk Messner, die in der *ZEIT* ein ganzseitiges Klimapapier unterbreiteten. »Erforderlich wäre«, meinten sie darin, »nichts weniger als eine Art Weltregierung«. Diese sollte den Emissionshandel zwischen den reichen Ländern, die viel CO_2 in die Atmosphäre bliesen, und den armen Niedrigemissionsländern regeln, und außerdem möglichst dafür sorgen, dass die so genannten Schwellenländer »den von der Industrialisierungsgeschichte vorgezeichneten Pfad verlassen oder gar nicht erst beschreiten.« Heißen soll das wohl: Besonders die industrielle Entwicklung Chinas muss erst mal für längere Zeit gestoppt werden.

Das ist allerdings ziemlich ungerecht. Denn China entlässt zwar inzwischen weltweit das meiste CO_2 in die Atmosphäre, doch pro Kopf der Bevölkerung erzeugt man hier immer noch nur ein Viertel so viel von dem Treibhausgas wie die Amerikaner oder halb so viel wie die Deutschen. Außerdem denkt natürlich kein Chinese daran, seinen Traum von einem Dampfbügeleisen, einer eigenen Fritteuse oder einem Auto nur deshalb aufzugeben, weil zwei deutsche Professoren das so fordern.

Das mit der Weltregierung ist allerdings eine gute Idee. Nur müssen die richtigen Leute darin sitzen. Ich zum Beispiel! Schließlich sind meine Klimaschutzvorschläge auch viel ausgewogener. So wäre ich dafür, dass alle Europäer, die ja in den letzten vierzig Jahren so ziemlich ununterbrochen mit ihren Autos durch die Gegend geknattert sind, ihre gesammelten CO_2-Schleudern an die Chinesen abgeben. Die wären dann die nächsten vierzig Jahre mit dem Knattern dran. Danach kämen die Lateinamerikaner an die Reihe, anschließend die Afrikaner, danach die Bangladeshis usw. usf. In Europa könnte man voraussichtlich in zweihundert Jahren wieder Auto fahren, vorausgesetzt natürlich, es gibt diesen Planeten dann noch.

Weil es aber schon fünf nach zwölf ist, muss dieser Plan sofort umgesetzt werden. Schicken Sie mir also bitte alle möglichst bald ihre Limousinen, die ich anschließend nach Peking weiterleiten werde! Ich erlasse dazu in den nächsten Tagen auch das entsprechende Weltregierungsdekret. Darin wird u. a. die Reihenfolge des Verschickens geregelt. Fest steht dabei schon jetzt: Die Autos der Herren Leggewie und Messner werden an der Spitze dieser Liste stehen.

_____ Zu diesem Text fand sich kurz nach Erscheinen auf taz.de folgender Kommentar von Leser »Mr. Green«: »Witziger Text! Noch witziger. Der Herr Messner und seine Frau sind jahrelang mit ollen Fords bzw. Ritmos durch die Gegend gekurvt: Umweltplakette schwarz. Jetzt hat er zumindest nen Eos.« Ein Cabriofahrer als Klimapapierverfasser und Weltregierer? Geht's noch?

DIE WELT IST KEINE GOOGLE (26)

Nach monatelanger Lesetour durch den deutschsprachigen Raum bin ich jetzt endlich wieder zurück in China. Der letzte Mensch, den ich auf deutschem Boden sprach, war ein etwa sechzigjähriger Taxifahrer. Als der erfuhr, dass ich in Peking lebe, fragte er mir Löcher in den Bauch: »Wenn Sie in China das Internet anmachen, ist das dann nur auf Chinesisch?« »Ähm, nein, auch auf Deutsch, Englisch, Türkisch, was sie wollen.« »Hm. Aber diese E-Mails? Die kommen bei Ihnen doch schon nur in Chinesisch an?« Ich versuchte ihm die Sache so einfach wie möglich zu erklären: »Sehen Sie, wenn Sie einen Brief auf Deutsch nach Peking schicken, dann wird aus dem doch unterwegs auch kein chinesischer Brief.« »Klar! Aber in China, da habt ihr doch alle nur chinesische Computer.« »Ja, fast.« »Und die können wirklich alle Deutsch schreiben und lesen?«

So viel zum Wissensstand des deutschen Durchschnittsmenschen über Internet und Digitalisierung. Auch Buchhändler und Verleger, die mir auf meiner Reise immer wieder ihre E-Book-Ängste klagten, brauchen sich wohl für mindestens die nächsten zehn Jahre keine größeren Sorgen machen. Frank Schirrmacher aber, der neulich in der Frankfurter Allgemeinen Zeitung behauptete: »Die Welt ist eine Google«, sei gesagt: Das ist sie keineswegs. Außerdem sollte man sich auch bei mittelmäßig originellen Wortspielen nicht bei Dritten bedienen, wie hier bei dem Kollegen Peter Glaser, der den Google-Spruch bereits vor ein paar Jahren geprägt hat.

Für China, das mit zur Zeit 420 Millionen Nutzern (2010) die mit Abstand größte Internet Community der Welt hat, gilt er sowieso nicht. Hier regiert die Suchmaschine Baidu. Google hat nur einen Marktanteil von dreißig Prozent und macht kaum Gewinne. Wohl deshalb entdeckte der Konzern in den letzten Wochen plötzlich seine Aversion gegen die chinesische Internetzensur. Auf jeden Fall drohte man damit, sich aus China zurückzuziehen, falls die chinesische Regierung die Firma dazu zwinge, weiter ihre Suchergebnisse nach bestimmten Vorgaben zu filtern.

In China angekommen, war von Googles Rückzug nichts zu spüren. Ich setzte mich an meinen Rechner und googelte mich wie immer dumm und dämlich. Die Suchergebnisse auf die wichtigsten Anfragen (»Christian Y. Schmidt«, »Bliefe von dlüben«, »Allein unter 1,3 Milliarden«, »Ohne Zweifel ist dies eines der besten Reisebücher, die in letzter Zeit veröffentlicht wurden«) kamen prompt. Es gab allerdings andere Probleme. Meine gute alte Proxyserver-Verbindung, mit der ich jahrelang die Great Firewall of China überwunden hatte, funktionierte nicht mehr. Offenbar hatten die chinesischen Internetzensoren endlich einen Weg gefunden, sie zu sperren. Jetzt muss ich mir was Neues einfallen lassen, um mir Videos auf Youtube anzusehen oder mich bei Facebook einzuloggen. Ich hoffe nur, dass die Zensoren jetzt erst mal wieder eine Pause machen. Sonst könnte am Ende der Taxifahrer doch recht behalten, und irgendwann kommen alle E-Mails bei mir tatsächlich nur noch auf Chinesisch an.

_____ Zu Googles angeblichen Rückzug aus China findet sich auch ein ausführlicheres Interview im Anhang.

EIN LEIDLICH FALSCHES JAHR (27)

Seit ein paar Tagen ist das Foyer unseres Wohnblocks mit bunten Tigerbildern geschmückt. Das bedeutet, dass wir bald nicht mehr das Jahr des Ochsen, sondern das des Tigers schreiben. Das Tigerjahr beginnt am 14. Februar, weshalb dies auch die letzte »Im Jahr des Ochsen«-Kolumne ist. Bevor aber der Ochse davontrampelt, will ich noch eine Frage beantworten, die mir neulich nach einer Lesung in Schorndorf gestellt wurde. »Wieso heißt es eigentlich ›Im Jahr des Ochsen‹? Der Ochse ist doch ein kastrierter Stier. Warum machen die Chinesen ein derart gehandicaptes Wesen zu einem ihrer Tierkreiszeichen?«

Eine gute Frage, auf die es eine gute Antwort gibt: Sie machen es ja gar nicht. Im Chinesischen heißt das »Jahr des Ochsen« nämlich 牛年 (niú nián), wobei nián für Jahr steht und niú für Stier, Bulle, Büffel oder aber auch – da man diesem Substantiv nicht das Geschlecht ansieht – für eine Kuh. Ein kastrierter Bulle oder Stier wird dagegen 犍 (jiān) genannt. Die korrekte Bezeichnung für das abgelaufene Jahr wäre also das »Jahr des Rindes« gewesen. Wieso aber hieß dann diese Kolumne nicht so?

Das liegt zum einen daran, dass ich mich sowohl an der gängigsten deutschen wie englischen Übersetzung orientiert habe. In beiden Sprachen führt »Year Of The Ox« bzw. »Jahr des Ochsen« die Google-Hitliste an. Im deutschen Ranking folgt sodann der Büffel, danach das Rind. Fast gleichauf liegen Stier und Kuh; nur vierzig Treffer hat das »Jahr des Bullen«. Auch in der englischen Wikipedia-Version heißt das chinesische Tierkreiszeichen »ox« (in der deutschen allerdings »Büffel«). Ich habe mich aber auch für den Ochsen entschieden, weil er besser klingt: Nach Herumackern und -pflügen sowie den ganzen Mühen, die ein Jahr so mit sich bringt.

Dagegen wird in einem chinesischen Blog hinter der Ochsen-Wortwahl gleich eine westliche Verschwörung vermutet. »Sie haben unserem Bullen die Eier abgeschnitten«, heißt es unter family.mblogger.cn/berlinf/posts.146614.aspx, »wahrscheinlich weil man uns demütigen will«. Vorgeschlagen wird hier allerdings nicht, das Jahr korrekt mit »Year Of The Cattle« zu übersetzen, sondern gut machistisch mit

»Year Of The Bull«. Dass das »Jahr des Bullen« im Deutschen eine ganz spezielle Bedeutung haben könnte, hat man dabei natürlich nicht bedacht. Auch das »Jahr des Rindes« klingt letztlich komisch; als ob sich jemand um einen Buchstaben verschrieben hat.

Gut also, dass sich ab dem 14. Februar solche Benennungsprobleme nicht mehr stellen. Das 虎年 (hǔ nián) ist das »Jahr des Tigers«, da gibt es kein vertun. Und deshalb wird diese Kolumne ab der nächsten Folge auch so heißen. Als Alternative bliebe höchstens das »Jahr der Tigerin«. Ein solches Jahr wäre aber wohl nur dann meines, wenn ich mich einer Geschlechtsumwandlung unterzöge. Allerdings: Im Tigerjahr, so wird auf der deutschen Asiatica-Shopping-Seite *dragonfruit.org* behauptet, »können selbst die wildesten Träume Wirklichkeit« werden. Warten wir es also ab.

SUSHI AUS SCHOKOLADE (28)

»Wild und explosiv, lebendig und ungestüm, groß und verwegen, soll unser Alltag und die Ereignisse um uns herum werden – genau wie das Weltgeschehen im Jahr des Tigers.« So lautet die wüste Prophezeiung für das gerade angebrochene Tigerjahr auf der bereits erwähnten und für ihre wüsten Prophezeiungen bekannten Shopping-Seite *dragonfruit.org*. Von einem wilden Alltag ist hier in Peking allerdings bisher nicht viel zu spüren. Als ich im Supermarkt um die Ecke ein glücksbringendes Tigerbild für unsere Wohnungstür kaufen wollte, waren nur überaus süß dreinschauende Comictigerjungen im Angebot. Ich musste lange in der Stadt suchen, bis ich ein halbwegs ungestümes Tigerporträt fand.

Noch süßer geht es in diesen Tagen hinter dem Olympiastadion zu, wo man ein großes »World Chocolate Wonderland« aufgebaut hat. Für umgerechnet neun Euro pro Person können hier achtzig Tonnen belgische Schokolade betrachtet werden, aus denen Chocolatiers aus aller Welt diversen Schnickschnack geformt haben, der den Chinesen irgendwie am Herzen liegt: 500 miniaturisierte Soldaten der berühmten Terracotta-Armee, eine zehn Meter lange Replica der chinesischen Mauer, Buddhas, Buddhas, Buddhas, historisches Porzellan, Bronzen und Gemälde, Louis Vuitton-Handtaschen, Sushi, ein Laptop, einen schwarzen Basketballspieler, Mountainbikes, Dinosaurier, Wasserkocher und einen zwei Tonnen schweren BMW. Dazu darf man den ersten flüssigen Schokoladenfall Chinas bewundern, eine Hüpfburg von Kinderschokolade (geschlossen, wahrscheinlich wegen Verfettungsgefahr) und in der »World Candy Hall« neben dem größten Dauerlutscher Chinas einen aus Zuckerlegosteinen gebauten Panzer.

Als ich das Schoko-Panoptikum besuchte, entfuhr es einem fassungslosen chinesischen Besucher neben mir: »Wieso macht man das bloß alles?« Die Aussteller behaupten, sie beabsichtigten, mit Hilfe von Schokolade den Menschen eine ominöse »fresh happiness« sowie »tastes in life« zu vermitteln. Ich vermute allerdings, es geht einmal mehr darum, den Chinesen die Möglichkeit zu geben, sich über die bizarren Gebräuche außerhalb des Reichs der Mitte zu amüsieren. Dafür spricht auch die Ausstellungskoje, die dem Betrachter speziell die deutsche Schokoladenwelt nahebringen soll. Hier sind in der Fototapetenkulisse einer süddeutschen Kleinstadt neben einem Küfer mit roter Zipfelmütze ausgerechnet drei waschechte Indianer als deutsche Ureinwohner zu sehen. Daneben steht auf einem schokoladenbraunen Schild: »In den 1920er Jahren war es deutschen Frauen nicht erlaubt, in der Öffentlichkeit Wein zu trinken, weshalb clevere Geschäftsleute auf die Idee kamen, flüssige Schokolade zu erfinden. Das erlaubte es den Frauen, Wein auf elegante Weise zu genießen. Sofort wurde flüssige Schokolade beliebt bei allen europäischen Frauen.«

Das ist nun ein solch phantastischer Unfug, dass ich mir hier erlaube, von ihm auf das ganze Tigerjahr zu schließen: Es wird gewiss nicht wild und explosiv, sondern wohl behämmert, blödsinnig und bescheuert werden. Also eigentlich so wie jedes Jahr.

DESIGNERMUSCHI ZEIGEN (29)

Normalerweise ist dem Straßenbild in China nicht anzumerken, ob es sich um einen Werk-, Sonn- oder Feiertag handelt. Die Geschäfte haben täglich geöffnet. Nur in der ersten Woche der chinesischen Neujahrsfeierlichkeiten sind plötzlich die Straßen wie leergefegt und alle Läden geschlossen. Ich habe diese Zeit genutzt, um in meiner aus Deutschland mitgeschleppten China-Literatur zu lesen. Besonders angetan hat es mir ein Buch, das 1973 im maoistischen Oberbaumverlag erschienen ist und das ich im tollen Roten Antiquariat in der Berliner Rungestrasse erworben habe: »China: Im Vertrauen auf die eigene Kraft. Reisebericht einer Genossin«. Diese Genossin trug den schönen Namen Jenny Schon.

Ich lese solche Bücher mit besonderem Interesse. Ich hoffe durch sie zu erfahren, was mich als Fünfzehnjährigen am Maoismus so faszinierte. Tatsächlich findet man dazu einiges in dem Buch. Es ist gespickt mit Produktionsziffern, die beweisen, dass es im China Maos nur aufwärts und nach vorne geht. Ähnliches las ich als Jugendlicher in diversen maoistischen Blättern, und das hatte mich schließlich überzeugt. Ich frage mich allerdings, ob ich auch schon damals bei der Lektüre so viel gelacht hätte. So gefiel der Genossin Schon auf ihrer Reise durch das maoistische China ganz ernsthaft am besten, dass man – bzw. frau – in Toiletten ohne Trennwände kollektiv in ein Loch im Boden uriniert. »Diese Art zu pinkeln, fand ich sehr angenehm – es hat etwas von der Isolation genommen, in der man als Ausländer ja doch steckt.« Ich hoffe auch, dass ich mich über ihren unbedingten Glauben an die Sicherheit chinesischer Flugzeuge amüsiert hätte, »weil ich den chinesischen Piloten – im Gegensatz zu unseren – die menschliche Verantwortung zuspreche, die jeder Flug erneut verlangt.« Ich bin mir aber nicht sicher. Wer kann schon für seine eigene Vergangenheit garantieren?

Ich fragte mich bei der Lektüre auch, was wohl Frau Schon heute macht. Wir deutschen Maoisten gingen ja oft erstaunliche Lebenswege. Genosse Alan Posener wurde Redakteur bei Springers *Welt,* Genosse Bernd Ziesemer ist Chefredakteur des *Handelsblatts,* Genosse Matthias Matussek ging zum *Spiegel,* Genosse Joscha Schmierer landete eine Zeit lang im Planungsstab des Auswärtigen Amts und Genosse Horst Mahler am Ende bei den Nazis. So schlimm ist es mit Genossin Schon nicht gekommen. Auf ihrer Homepage kann man lesen, dass sie immer noch Bücher verfasst, allerdings nicht mehr über China, sondern über ihre Vertreibung »im Kinderwagen« aus dem »Sudetenland«. Leider schreibt sie jetzt auch Gedichte, zum Beispiel dieses hier mit dem Titel »Designermuschi« zum »Internationalen Tag der Frau« (Auszug): »Und auch das Klavier schweigt / Als sie ihre Muschi zeigt / Von vorn und inmitten / Da kreuzt auf dem Steg / Ein 40-Pfund-Model ihren Weg / Du bist ja auch beschnitten / Ach mein Silikon / Ist schon lange auf und davon.«

Betrachte ich dieses Gedicht und die Lebenswege vieler deutscher Mit-Maoisten, kann ich nur sagen: Ich habe unverschämtes Glück gehabt.

BASTARDE UND RÄUDIGE HUNDE   (30)

Nach fünf Jahren vor Ort beginnt man auch im großen China langsam Notiz von mir zu nehmen. Gerade ist mein Reisebuch »Allein unter 1,3 Milliarden« auf Chinesisch erschienen. Und neulich druckte das Massenblatt *Huanqiu Shibao (Global Times;* Auflage: 1,8 Millionen) einen Artikel, in dem man mich für ein paar Texte lobte, die in verschiedenen deutschen Medien erschienen waren. Meine chinakritischen Passagen hatte man natürlich weggelassen, aber so wird ja auf der ganzen Welt zitiert. In einem Text, der auch im Anhang dieses Buches zu finden ist, hatte ich die Entwicklung Chinas mit der Indiens verglichen. Aufgrund verschiedener Fakten schnitt dabei China besser ab. Da die Chinesen wissen, dass eine solche nüchterne Betrachtung Chinas in deutschen Medien eher selten ist, endete der Artikel für mich sehr schmeichelhaft: »Ich wünsche mir«, wird eine Frau Lin Ke aus Köln zitiert, »dass alle Medien im Westen so objektiv berichten wie Herr Schmidt.«

Nicht jeder Leser teilte diesen Wunsch. Das konnte man der Online-Ausgabe der Huanqiu Shibao entnehmen, wo der Artikel sofort Gegenstand einer aufgeregten Diskussion wurde. Innerhalb von 24 Stunden hatte man ihn rund 200 mal kommentiert. Etliche Poster stimmten zwar auch hier in das Loblied auf mich ein (»Endlich ein Deutscher mit Gewissen«), andere aber wollten dem Braten nicht trauen: »Der größte Teil der deutschen Medien ist wahnsinnig.

Und dieser Deutsche ist nur ein Feigenblatt, um diese so genannte »Pressefreiheit« zu simulieren.«

Einige Kommentatoren machten sich auch um mich Sorgen: »Ich glaube, dieser Typ wird in Deutschland nicht mehr lange geduldet«, und einer hatte sogar Mitleid mit mir: »Der arme gute Mensch. Es ist nicht leicht, ein guter Mensch zu sein im Westen.« Den meisten aber war mein Schicksal herzlich egal. Sie nahmen den Artikel einfach zum Anlass, einmal mehr vom Leder zu ziehen. Weil mein Text auch von Indien handelte, wurden zunächst einmal die Inder beschimpft. Für den nächsten Poster war Indien allerdings nur ein Nebenkriegsschauplatz: »Mein Gott! Chinas Rivale in Asien ist Japan, nicht Indien. Die Japaner sind räudige Hunde.« Ach was, meinte ein Dritter: »Ich lebe zur Zeit in Italien. Alle Italiener sind Bastarde.« Und ein Vierter schloss: »Wir sind auf jeden Fall besser als Afghanistan.«

Betrachtet man nur diese kleine Sammlung von Meinungsäußerungen, muss man feststellen: Die meisten chinesischen Online-Kommentatoren unterscheiden sich kaum von gewöhnlichen Spiegel-Online-Forums-Irren. Nur eine Art des Kommentars habe ich so noch nie in einem deutschen Forum gelesen: »Herr Schmidt«, schrieb da ein freundlicher Poster, der offenbar über meinen Wohnort nicht ganz orientiert war, »wenn sie das nächste Mal nach China kommen, lade ich Sie aus Dankbarkeit für ihren Artikel herzlich zu einem original chinesischen Essen mit ein bisschen Schnaps dazu ein.«

Diese Zeilen haben mich wirklich sehr gerührt. Und sollte mich demnächst wieder einmal einer fragen, weshalb ich denn nach fünf Jahren immer noch viel lieber in China als in Deutschland wohne, zeige ich ihm einfach diesen kleinen Beitrag und sage: »Darum und deshalb.«

SCHNÄPPCHEN IM WELTKRANKENHAUS (31)

In meiner alten Zwischenheimat Singapur ist der internationale Medizintourismus schon längere Zeit ein großer Wirtschaftsfaktor. Pro Jahr reisen dort etwa 400.000 Ausländer an, um sich direkt neben dem Hotelpool ein neues Hüftgelenk einsetzen oder einen Bypass legen zu lassen. In China ist man noch nicht ganz so weit; bisher kommen Medizintouristen lediglich zur Stammzellentherapie oder zum Akupunktieren. Doch angesichts des immer desolateren deutschen Gesundheitssystems werden Operationen auch hierzulande immer interessanter. Die chinesischen Ärzte haben einen guten Ruf, und die Krankenhäuser einen hohen Standard. Wahrscheinlich ist es nur eine Frage der Zeit, bis auch bei uns in Peking ausländische Patienten Schlange stehen.

Bevor es so weit ist, wollte ich noch schnell selbst eine Operation in Peking ausprobieren. Weil es so interessant klingt, entschied ich mich für eine Radiofrequenz-Ablation des Weichgaumens. Dabei wird eine Nadel in den Gaumen und das Zäpfchen gestochen, durch die eine Kochsalzlösung und hochfrequente Radiostrahlen gejagt werden. So wird labbrig gewordenes Gaumenfleisch verschmort, was bewirken soll, dass der so Behandelte nicht nur künftig im Schlaf weniger Lokomotiven-Geräusche erzeugt, sondern auch besser atmet. Das schien mir eine gute Sache. Außerdem köderte der Arzt mich mit dem Argument, die OP sei ein echtes Schnäppchen: »In Deutschland legen Sie dafür gut 2.000 Euro hin, bei mir kostet der Spaß nur 250.«

Das war zwar etwas geschummelt, denn auch in Deutschland muss man für einen solchen Eingriff nur um die 400 Euro zahlen. Doch dafür ist der Unterhaltungswert einer OP in China auch viel höher. Das geht schon bei der Vorbereitung los. Zwei Stunden vor der Operation wurde mir in einer großen Halle eine Infusion angelegt, in dem genau hundert Leute nebeneinander auf lindgrünen Kunstledersesseln saßen und ebenfalls eine Infusion bekamen. Diese Gemeinschaft nahm mir etwas von meiner Angst, die sich kurz vor der OP dann doch einstellte.

Auch der Doktor selbst gab sich alle Mühe, mich zu beruhigen. Während er mir mit einer großen Spritze mehrmals in den Rachen stieß und anschließend mein Gaumenfleisch verschmorte, lenkte er mich von dem penetranten Geruch ab, indem er mit der anderen Hand immer wieder mit anderen Patienten telefonierte. Dann war auch schon alles vorbei. Der Doktor schüttelte mir die Hand und entließ mich mit den Worten: »Ach so. Erst mal schwillt ihr Gaumen an, bevor er sich dann nach ein paar Tagen wieder verkleinert.«

Jetzt schreibe ich diesen Text mit einem Zäpfchen, das sich anfühlt, wie ein riesiges, rohes Steak, das in meinem Hals festsitzt und mir das Atmen und das Schlucken fast unmöglich macht. Ich kann deshalb auch noch nicht endgültig sagen, ob ich Ihnen Medizintourismus nach China empfehlen soll oder nicht. Sollten Sie aber in vierzehn Tagen an dieser Stelle statt dieser Kolumne einen Nachruf auf mich lesen, wäre es nicht übertrieben daraus zu schließen, dass ich nicht ganz zufrieden war.

_____ Da Sie dieses Buch in den Händen halten, ist die Sache am Ende doch gut ausgegangen. Nach etwa einer Woche war das Zäpfchen wieder auf die normale Größe geschrumpft. Es hat aber jetzt die Form eines zur Seite gebogenen Hakens. Das ist mir egal, weil mir normalerweise kein Mensch so weit in den Rachen kuckt. Gebracht hat die Operation allerdings nicht viel, weder geräusch- noch atemtechnisch, so dass ich hier nicht unbedingt zuraten mag.

SCHLUSS MIT DER ETEPETETE-ZENSUR (32)

In den letzten Wochen wurde ich immer wieder aufgefordert, mich doch zum Rückzug von Google aus Festlandchina zu äußern. Dabei habe ich das schon längst getan: In dieser Kolumne (siehe Kapitel 26 und das Interview im Anhang) und an anderer Stelle. Aber Pressefreiheit bedeutet ja nicht nur, dass alle voneinander abschreiben und so Fehler oder schlichten Nonsens bis in alle Ewigkeit perpetuieren, sondern auch, dass man als Autor immer wieder denselben Artikel fabriziert. Und deshalb hier noch einmal zum Merken: Nein, Googles vorgeblicher Abzug hat in China praktisch nichts verändert. Ich google munter weiter auf google.com oder google.de, und nach wie vor sind ein paar der ergoogleten Links von der Zensur gesperrt. Und ja, die meisten Chinesen interessieren sich für Googles Geste einen feuchten Kehricht, weil sie ihnen rein gar nichts bringt.

Im Westen aber wurde Googles Propagandacoup ordentlich gefeiert. Dabei berichtete man einmal mehr über die chinesische Bloggerszene, die der hiesigen Zensur ordentlich zu schaffen macht, aber auch dafür sorgt, dass viele Chinesen besser über den Westen informiert sind als die Westler über China. Natürlich war auch wieder vom Caonima die Rede, dem legendären Gras-Schlamm-Pferd, das seit Anfang des letzten Jahres zum Symbol des Widerstands der chinesischen Blogger avanciert ist. Nur warum ausgerechnet ein ausgedachtes Tier zum Anti-Zensur-Symbol wurde, und was sein Name genau bedeutet, davon schrieb die deutsche Presse nichts. Der Spiegel teilte mit, dass Caonima, »wenn man die Silben anders betont, auch ein grober Fluch sein kann«, die FAZ weiß, dass »bei anderer Betonung eine wüste Schimpftirade daraus« wird, für die Wirtschaftswoche ist es schlicht ein »derbes Schimpfwort« und die Deutsche Welle berichtet vom »wüste[n] Mutterfluch cao ni ma, der hier aus Anstandsgründen unübersetzt bleibt« – und ist damit wenigstens etwas näher an der Wahrheit dran.

Wer aber wirklich wissen will, was die zweite Bedeutung des Gras-Schlamm-Pferdes ist, der muss entweder Chinesisch können oder englischsprachige Medien zu Rate ziehen. Hier erfährt man endlich, dass das Pferdchen nur leicht anders betont »Fick deine Mutter« heißt. Es trägt seinen Doppelnamen auch nicht von ungefähr, denn kreiiert wurde das Caonima Anfang 2009 im Widerstand gegen eine offizielle Anti-Internetpornographie-Kampagne. Deshalb lebt das »Fick deine Mutter«-Pferdchen auch zusammen mit den Wocaonima und Kuangcaonima-Pferderassen (»Ich ficke deine Mutter« bzw. »Fick deine Mutter wie ein Irrer«) in der »Ma Le Gebi«, der »Mahler Wüste«, was wiederum wie »Mutters Fotze« klingt.

Ich habe keine Ahnung, ob die deutsche Presse solcherlei Eindeutigkeiten tatsächlich nur aus Anstandsgründen nicht hinschreiben mag. Vielleicht ist es ihr auch ein bisschen peinlich, dass die chinesische Free-Internet-Speech-Szene eben auch eine Free-Fickbildchen-Bewegung ist. Wie dem auch sei: Wer mit großen Worten die Zensur in China anprangert, sich aber selbst der Etepetete-Zensur unterwirft, kann eigentlich nach Hause gehen oder gleich dort bleiben.

SONNTAGS TELEFONIEREN (33)

Ab und zu werde ich hier in Peking zu Empfängen eingeladen. Da gehe ich natürlich hin, allein um meinen für einen Spottpreis maßgeschneiderten Anzug auszuführen. So zögerte ich auch nicht, als man mich neulich ins hiesige Kempinski zur Eröffnung der Repräsentanz von NRW.INVEST bat, einem Verbindungsbüro, das chinesisches Kapital nach Nordrhein-Westfalen locken soll. Zwar arbeitet die Pekinger Niederlassung schon seit Oktober letzten Jahres, doch jetzt war ein echter Staatssekretär aus dem Wirtschaftsministerium von NRW gekommen. Da konnte man den Laden ruhig noch einmal aufmachen.

Der Staatssekretär interessierte mich besonders. Er hieß Jens Baganz und war mal CDU-Oberbürgermeister in Mülheim an der Ruhr gewesen. Im Jahr 2002 trat er unter anderem deshalb zurück, weil er Anteile an der städtischen Wassergesellschaft ziemlich günstig an die RWE verkauft hatte. Dabei stützte er sich auf ein Gutachten, das für einen Haufen Geld von seiner Geliebten Ute Jasper erstellt worden war, die gleichzeitig einen Beratervertrag mit den RWE hatte. Als Baganz dann ein paar Jahre später im Wirtschaftsministerium saß, erteilte der »Skandalsekretär« *(taz)* einer Firma, die er selbst zuvor besessen und die er bei Amtsantritt einem Teilhaber überlassen hatte, den Auftrag für ein gut dotiertes Gutachten. Zwar wurde wenigstens dieser Auftrag etwas später von Wirtschaftsministerin Thoben wegen Vetternwirtschaftsgeruch kassiert, doch wirklich geschadet haben diese ganzen Vorgänge Baganz offensichtlich nie. Genau das interessierte mich. Vielleicht konnte ich von dem Mann noch was lernen: Ein Geheimnis, einen Trick.

Tatsächlich war der Auftritt von Baganz vor ein paar hundert chinesischen Würdenträgern beeindruckend. Der Mann, der sich selbst in seiner Jugend die schlagende Verbindung ins Gesicht geschrieben hatte, platzte hinter dem Rednerpult fast vor Energie. Dabei betonte er, wie wichtig China für Nordrhein-Westfalen sei. Denn: »China spielt in Asien die alles dominierende Rolle.« Nur die ständig wiederholte Aufforderung an die chinesischen Unternehmen, »privat, aber auch staatlich«, doch bitte, bitte in NRW zu investieren, klang ein bisschen kläglich. Hatte Baganz sich nicht in Mülheim aus voller Überzeugung einen Ruf als unerbittlicher Privatisierer erworben, weil eben Privatwirtschaft einfach besser funktioniert? Aber das scheint Schnee von gestern. »Wir können«, sprach der Staatssekretär zu den versammelten Chinesen, »mit ihnen nicht mithalten. Aber wir in Nordrhein-Westfalen sind auch ganz wach.«

Zum Beweis trug Baganz dann vor, wie er einst Feng Xingliang, den heutigen Repräsentanten von NRW.INVEST in Peking, an einem Sonntag am Telefon kennenlernte. »Herr Feng war ganz verwundert. Ein deutscher Beamter, der am Wochenende telefoniert.« Auch die nächsten Redner wiederholten, wie wichtig es sei, auch mal am Wochenende zum Hörer zu greifen, vor allem wenn man wüsste, dass ein Chinese am anderen Ende der Leitung sitzt. Das war also Baganz' Geheimnis: Sonntagsarbeit! Deshalb wurde dieser Text auch an einem Sonntag geschrieben. Jetzt warte ich auf meinen chinesischen Investor. Mal sehen, ob der Trick klappt.

SEEHOFER MACHT SICH ZUM HORST (34)

Seitdem zu Hause die wirtschaftlichen Aussichten immer düsterer werden, geben sich hier in Peking die deutschen Politiker die Klinke in die Hand. Alle wollen sie bei den finanzkräftigen Chinesen Schönwetter machen. Nach Skandalsekretär Jens Baganz war jetzt der bayerische Ministerpräsident Horst Seehofer da. Und weil das jeder mitbekommen sollte, hatte er mich und einige andere Journalisten zu einem Pressefrühstück ins prächtige Pekinger Grand Hyatt eingeladen. Leider gab es gar kein echtes Frühstück, sondern nur mikroskopisch kleine Würstchen im Schlafrock und ein paar Wassermelonenstückchen. Dafür war der Ministerpräsident ganz aus dem Häuschen. Begeistert erzählte er, wie gut es ihm in China gefalle. Dabei steckte er Baganz eindeutig in die Tasche.

»Das Verhältnis zwischen dem Freistaat Bayern und China«, erklärte Seehofer, »ist ausgesprochen gut, ja freundschaftlich.« Das läge sicher einerseits an der »legendären Zusammenkunft zwischen Franz Josef Strauß und Mao Tse Tung«, die man in China in guter Erinnerung habe – »das öffnete die Herzen«. Andererseits aber auch am FC Bayern. »Ich kann mich an überhaupt kein Gespräch erinnern, in dem der FC keine Rolle spielte.« Und drittens seien Chinesen und Bayern ja quasi miteinander verwandt: »Auf der einen Seite Verwurzelung in Tradition und Brauchtum, auf der anderen Seite die Hinwendung zur Zukunft.« Deshalb: »Die sind auf einem sehr guten Weg, die Chinesen.« Und weil das so sei, habe er sich vorgenommen, in den nächsten Jahren China öfter zu besuchen.

Noch enthusiastischer äußerte sich der oberste Bayer in seinem China-Reisetagebuch, das er exklusiv auf der Homepage des Radiosenders Antenne Bayern führte. »Liebes Tagebuch ...«, schrieb er hier unter Missachtung einiger orthographischer und grammatikalischer Regeln, »die Stadt Peking is westlicher als viele westliche Städte. Ja, Einkaufsstraßen modernst mit allem Angeboten, die man von uns kennt. Nur noch größer, moderner und billiger ... Ich kaufe mir aber nichts, weil ich keine Zeit habe vor lauter Terminen – außer meine Frau :-) ... Überrascht hat mich die Kraft die hier in diesem Land vorhanden ist. Also, die Welt hat den Wettbewerb angenommen. Die Chinesen in besonderer Weise und deshalb sage ich, wer in die Zukunft schauen will, muss nach China reisen ... Dein Horst.«

Auch hier kann, wer genau liest, den Wunsch Seehofers heraushören, uns in China demnächst öfters heimzusuchen. Wer aber Chinesisch kann, erfährt noch mehr. Seehofers Auslassungen auf der Antenne Bayern-Seite sind nämlich mit diesen Schriftzeichen 避難所中國日誌* überschrieben. Sie lauten in der Umschrift »bì nàn suǒ zhōng guó rì zhì«, was korrekt übersetzt nichts anderes als »Tagebuch eines

China-Asylanten« heißt. Wahrscheinlich äußert sich hier Seehofers allergeheimster Wunsch. Das macht mir Angst. Denn sollte Horst Seehofer tatsächlich in China Asyl erhalten, kann ich hier unmöglich länger bleiben.

———————————————————————— * Bei den Zeichen handelt es sich um Langzeichen, die heute nur noch in Hongkong, Macao und Taiwan gebräuchlich sind. In der Volksrepublik China werden dagegen seit den fünfziger Jahren vereinfachte Kurzzeichen verwendet. Die Überschrift hat also wahrscheinlich ein übellauniger Taiwanese geschrieben, der Seehofer wegen seiner Reise ins falsche China eins auswischen wollte. Gemerkt hat es natürlich mal wieder keiner. Nur zwei bis drei Chinesen haben sich kaputtgelacht.

WER SCHLÄGT MIR AUF DEN KOPF? (35)

Neulich besuchte mich ein Redakteur des Pekinger Fernsehsenders BTV in unserer Wohnung. Er wollte mich für einen Auftritt in einer Fernsehsendung gewinnen, bei der die chinesische Ausgabe meines China-Reisebuchs »Allein unter 1,3 Milliarden« im Mittelpunkt stehen sollte. Nun ist es mein Ziel, mindestens an jeden zehnten Chinesen eine Ausgabe von 独自在13亿人中 (dú zì zài shí sān yì rén zhōng) zu verkaufen. Damit wäre ich wohl bis zu meinem

Lebensende saniert. Und weil man heutzutage Bücher nur noch unter die Leute bringt, wenn man ab und zu im Fernsehen rumturnt, sagte ich dem Mann ohne vieles Nachdenken zu.

Ich war auch gleich einverstanden, vor der Kamera alle möglichen Spiele mitzumachen, einen Rucksack mit Andenken an meine fast 6.000 Kilometer lange Reise zunächst ein- und dann wieder auszupacken, oder zum Aufpeppen der Sendung in Deutschland ein paar Einspieler mit Lesern des Buchs selbst zu drehen. Und am Ende antwortete ich etwas sehr Blödsinniges, als der Redakteur mich fragte: »Könnten Sie dem Moderator nicht vielleicht auch ein paar ihrer Reiseerlebnisse erzählen? Auf Chinesisch, versteht sich?« Ich sagte nämlich nochmals: »Ja.«

Erst als der Mann wieder gegangen war, wurde mir klar, dass ich mich gerade um Kopf und Kragen geredet hatte. Denn auch wenn ich schon eine ganze Weile in China wohne, so ist mein Chinesisch doch immer noch nur so lala. Ich kann mich zwar rudimentär verständigen, aber ein längeres Gespräch führen ist mir unmöglich. Erst recht kann ich keine Geschichten auf Chinesisch erzählen. Sollte ich auch nur den Versuch unternehmen, werde ich mich garantiert blamieren – und zwar global. Denn wie ich mittlerweile weiß, wird die Sendung per Satellit weltweit ausgestrahlt und das voraussichtlich bereits im Juni.

Bis dahin werde ich es sicher nicht mehr schaffen, richtiges Chinesisch zu lernen. Und so kann mich jetzt eigentlich nur noch ein Wunder wie jenes retten, von dem ich neulich in der hiesigen *Global Times* las. Hier wurde der Fall der 35-jährigen Engländerin Sarah Colwill beschrieben, die nach einem Migräneanfall plötzlich mit chinesischem Akzent sprach. Bei der Frau wurde FAS diagnostiziert: eine äußerst seltene Krankheit, die es wirklich gibt und ausgeschrieben ›Foreign Accent Syndrome‹ heißt. Hervorgerufen wird sie wahrscheinlich durch die plötzliche Vergrößerung der Blutgefäße im Gehirn während einer Migräneattacke.

Ich hoffe jetzt, dass das, was mit fremden Akzenten geht, auch bei Sprachen funktioniert, selbst wenn ich noch nie noch einem ›Foreign Language Syndrome‹ gehört habe. Ich frage mich allerdings, wie ausgerechnet ich, der ich noch nicht einmal unter Migräne leide, bis zum Juni diese unbekannte Krankheit bekommen kann. Ich habe keine genaue Ahnung, aber vielleicht hilft es ja, haut mir nur einer recht kräftig auf den Kopf. Selbst wenn ich danach immer noch kein Chinesisch sprechen sollte: Verdient hätte ich die Schläge für meine unendliche Blödheit allemal!

_____ Die Fernsehgeschichte geht gleich weiter. Bitte schalten Sie nicht um!

VÖGELT DEN FRAUENTAUSCH-PROFESSOR FREI! (36)

Nachdem ich während eines Kurzbesuchs in Deutschland ein paar halbseidene Prominente für die Einspieler bei meinem geplanten BTV-Auftritt interviewt hatte, bin ich jetzt wieder in Peking. Noch ganz berauscht von meinem zukünftigen Fernsehruhm wollte ich hier endlich ein altes Vorhaben realisieren und an einer chinesischen Gruppensexparty teilnehmen. Natürlich nicht aus Spaß, sondern um der Welt en detail von den hiesigen Gangbanggepflogenheiten zu berichten. Im Gegensatz zu anderen Berichterstattern bin ich nämlich der Meinung: Aufklärung muss sein.

Kaum war ich gelandet, musste ich jedoch erfahren, dass es schwer werden würde, meine Absicht umzusetzen. Wegen Organisation von und Teilnahme an achtzehn Gruppensexparties war gerade mein großes Vorbild, der sogenannte »Frauentauschprofessor« Ma Yaohai, zu dreieinhalb Jahren Gefängnis verurteilt worden. Dabei kam Paragraph 301 des chinesischen Strafgesetzbuches zur Anwendung, der »Gruppenzügellosigkeit« mit Gefängnis bis zu fünf Jahren bedroht. Auch die achtzehn Co-Vögler des Mannes, der bis eben noch ein ordentlicher Professor an der Nanjing University of Technology gewesen war, hatte man verknackt. Da sich letztere aber durchweg schuldig bekannt hatten, wurden ihre Strafen zur Bewährung ausgesetzt. Nur Professor Ma wollte partout nicht die Ungesetzlichkeit seines Handelns einsehen: »Wie kann ich den sozialen

Frieden stören? Was in meinem Haus passiert, ist meine Privatangelegenheit.«

Weil er darauf besteht, im Recht zu sein, hat Ma, der sich in Partnertauschchats stolz »Tosendes männliches Feuer« nennt, gegen das Urteil Berufung eingelegt. Die Mehrheit der Chinesen hat er dabei auf seiner Seite. In verschiedenen Umfragen erklärten jedenfalls sechzig bis siebzig Prozent, dass sie das Urteil gegen Ma ablehnen. Auch Chinas berühmteste Sexualwissenschaftlerin, Professor Li Yinhe von der Akademie für Sozialwissenschaften, fordert, den Paragraph 301, der ein Überbleibsel des alten Hooligan-Paragraphen ist, abzuschaffen und Professor Ma in seinem Berufungsverfahren zu unterstützen.

Und so stehen des Sex-Professors Chancen, in der Berufung freigesprochen zu werden, gar nicht mal so schlecht. Sie wären wohl noch besser, könnten sich die Gruppensexler dieser Welt zur Solidarität mit ihm entschließen. Auf rund ein Prozent schätzt – laut dem Blog *chinaobserver.de* – der Frauentauschprofessor den Anteil der Chinesen, die sich regelmäßig an Gruppensexpartys beteiligen. Das sind immerhin dreizehn Millionen, was fast der Bevölkerung von Österreich und der Schweiz entspricht. Auf die gesamte Weltbevölkerung hochgerechnet wären die Gruppensexler sogar siebzig Millionen. Sollten diese alle an einem Stichtag zu einem großen öffentlichen Soli-Vögeln mit Professor Ma zusammenkommen, setzte weltweit ein solches Gestöhne und Gekeuche ein, dem sich kein Gericht der Welt entziehen könnte. Auch der chinesische Gruppenzügellosigkeitsparagraph käme sicher so zu Fall.

Also hoch die internationale Solidarität: Vögelt alle kollektiv bis Professor Mas Gefängnismauern brechen!

── Ob Professor Ma mit seiner Berufung durchgekommen ist, ist leider nicht in Erfahrung zu bringen. Seitdem er im Mai 2010 weltweit Schlagzeilen gemacht hat, wird nicht mehr über ihn berichtet. Wahrscheinlich sitzt der Frauentauschprofessor also ein und Sie, der Sie sich trotz meines Appells nicht an Sex-Orgien beteiligt haben, sind schuld!

DAS FUSSBALLORAKEL VON PEKING (37)

Jetzt ist es amtlich: Aus dem ursprünglich für Juni 2010 geplanten großen Christian Y. Schmidt-Porträt auf BTV ist nichts geworden. Dafür wollte mich aber plötzlich CCTV News. Das ist der Nachrichtenkanal des zentralen chinesischen Fernsehens, der vor ein paar Monaten generalüberholt und umbenannt wurde, um so CNN besser Paroli zu bieten. Natürlich sagte ich sofort ja. Eine bessere Möglichkeit, meine China-Bücher weltbekannt zu machen, gibt es nicht. Zudem: Bei CCTV News wird Englisch gesprochen, eine Sprache, die ich beherrsche. Halbwegs wenigstens.

Erst nachdem ich zugesagt hatte, wurde mir klar, dass

man mich in eine Fußball-WM-Sendung eingeladen hatte. Nach dem Spiel Deutschland – Serbien sollte ich den Spielverlauf kommentieren. Nun bin ich der schlimmste Fußballignorant, den man sich denken kann. Selbst ein Molch versteht mehr von der Sache. Ich hatte auch bisher nur ein WM-Spiel gesehen, weil es dazu Freibier gab. Aber für den Absatz meiner Bücher würde ich mich selbst vom Teufel rasieren lassen.

Außerdem hatte ich einen Tag lang Zeit, mich auf die Sendung vorzubereiten. In dieser Zeit versuchte ich mir, möglichst viel Fußballwissen anzueignen. Während ich die Namen und die Biographien aller deutschen Nationalspieler paukte, rief mich die Redakteurin wieder an. Sie war sich sicher, dass Deutschland gewinnen würde und bat mich, im Studio dementsprechend ausgelassen zu sein und zu jubeln. Für Deutschland jubeln? Ich? Der einschlägig berüchtigte Jugoslawienfreund, Nato-Kriegsgegner und Halbchinese? Jetzt hatte ich richtig Angst.

Ich war dann sehr erleichtert, als die Serben siegten. Kurze Zeit später saß ich im Studio. Obwohl ich nicht mehr jubeln musste, war es die schlimmste halbe Stunde meines Lebens. Weil ich den Namen schon mal irgendwo gehört hatte, hatte ich vor der Sendung gelogen, mein Lieblingsspieler sei Miroslav Klose. Statt mich aber meinen auswendig gelernten Stoff zu Klose abzufragen, löcherte mich ein Gutelaunepanzer von Moderator mit Fragen zu einem mir völlig unbekannten Engländer namens Rob Green*, dem wohl beim Spielen ein kleiner Patzer unterlaufen war. Mein

Gastgeber wollte auch was zum letzten Spiel der französischen Mannschaft wissen. Ich hatte nicht den Hauch eines Schimmers. Also murmelte ich: »Spiele unseres Erzfeindes kommentiere ich grundsätzlich nicht.« Ich wette, das gibt noch diplomatische Verwicklungen.

Schließlich wurde ich gebeten, das Ergebnis der Partie England – Algerien zu tippen. Wieder war in meinem Kopf nur ein schwarzes Loch. England? Sind die gut? Und spielt man in Algerien nicht lieber Jihad als Fußball? Ich entschied mich in meiner Not für: »Unentschieden.« Die beiden Moderatoren tippten auf England. Wer aber beschreibt meine Verblüffung, als ich ein paar Stunden später erlebte, wie sich die Mannschaften 0:0 trennten. Seitdem nennt man mich das Fußballorakel von Peking. Und als solches sage ich an dieser Stelle auch den Weltmeister voraus: Das wird Argentinien. Ich habe läuten hören, wenn er ein bisschen was eingepfiffen hat, spielt dieser Maradona ganz gut.

---

* Die Prophezeiung ging seltsamerweise nicht in Erfüllung, weshalb mir auch der Titel »Fußballorakel von Peking« sehr schnell wieder aberkannt wurde. Aber wieso sollte ich auch bessere Prophezeiungen treffen als die Hongkonger Feng-Shui-Meister in Kapitel 2? Und ja, ich weiß, Rob Green war der englische Torwart, der einen Ball nicht gehalten hat, den ein Amerikaner schoss. Na und? Müssen sich erwachsene Menschen über so etwas unterhalten?

WELTMEISTER CHINA [38]

Es wird wirklich langsam Zeit, dass die Fußball-WM zu Ende geht. Das Gejammer vieler Chinesen darüber, dass sie nicht mitmachen dürfen, ist zwar nicht so schlimm wie das hysterische Geplärre der meisten Deutschen über den Lärm der Vuvuzelas zu Beginn der WM. Es geht trotzdem auf die Nerven. Ein Mann hat es sogar fertiggebracht, gegen die Nichtteilnahme Chinas juristisch anzugehen. Rechtsanwalt Chen Fengfeng aus der Provinzhauptstadt Chengdu reichte an einem Pekinger Distriktgericht Klage gegen die chinesische Nationalmannschaft ein. So wie viele Chinesen hatte sich auch Chen nach dem Spiel Nordkorea gegen Brasilien ganz besonders aufgeregt: »Ich war deprimiert und aufgewühlt«, erzählte er der *Global Times,* »besonders weil sich Nordkorea so viel Respekt verdient hat, als es nur 2:1 gegen die brasilianischen Favoriten verlor.« Seine Klage begründete Chen damit, dass die chinesische Nationalmannschaft nur »lustlose Auftritte« zeige. Außerdem beantragte er, das Team auf eine garantierte Teilnahme im Viertelfinale der nächsten WM zu verpflichten.

Ich verstehe den Mann nicht so ganz, sind doch die Chinesen auf dieser WM stärker vertreten als je zuvor. So wurden anlässlich des World Cups etwa fünfzig Millionen herrliche Vuvuzelas in die ganze Welt exportiert; jeder Ton, den man aus den Stadien Südafrikas überträgt, ist so zumindest halb Chinesisch. Dann stammt der ganze Fan-Bedarf von den Trikots über die anscheinend obligatorischen grellfarbigen Idiotenpcrücken bis hin zu den Flaggen fast ausschließlich aus China. Auch die Bälle kommen selbstverständlich aus unseren Breiten; allein eine Fabrik aus Jiujiang im Osten China schmiss anlässlich der WM 1,2 Millionen Fußbälle auf den Markt.

Sodann gibt es bei dieser WM zum ersten Mal in der Geschichte einen chinesischen Sponsor. Nachdem bereits bei der letzten WM die amerikanische Brauerei Budweiser auf den Stadionbanden nicht nur auf Englisch, sondern auch auf Chinesisch geworben hatte, konnte man dort dieses Mal ganz groß in chinesischen Schriftzeichen »Zhongguo Yingli« (»Chinas Yingli«) lesen, daneben kleiner »Yingli Solar« auf Englisch. Yingli Green Energy ist einer der größten Fotovoltaik-Hersteller der Welt, mit Hauptsitz in Baoding, rund 150 Kilometer südwestlich von Peking. Für die offizielle Sponsorenposition legte man dem Vernehmen nach mehr als 100 Millionen US-Dollar auf den FIFA-Tisch.

Angesichts solcher Zahlen stellt sich allerdings die Frage, ob sich das wirklich lohnt. Ich meine: Legt man noch ein bisschen was drauf, kann man gleich ein Land wie Paraguay kaufen, inklusive der Nationalmannschaft. Die startet dann bei der nächsten WM für China, womit sich auch die Klage von Herrn Chen erledigt haben dürfte. Und sollte es dann immer noch nichts mit dem Viertelfinale werden, kaufen die Chinesen für 2018 eben Deutschland ein. Bei dem zukünftigen Wechselkurs von chinesischen Renminbi und Euro gibt es das kleine Land zwar immer noch nicht für Peanuts. Aber für eine Ladung dicker Wassermelonen sollte es zu haben sein.

OHNE ANMALEN UND AUSZIEHEN (39)

»Ausländer bezeichnen Beijing als ein ›Meer von Fahrrädern‹ ... Laut Statistiken gibt es in Beijing 8,26 Mio. Fahrräder.« So steht es in meinem allwissenden Lieblingschinabuch »China-Reisen: 999 Fragen und Antworten« aus dem Verlag Volkschina von 1996. Und noch 2005 behauptete die britische Sängerin Katie Melua in einem kleinen Hit »There are nine million bicycles in Beijing / That's a fact.« Millionen Fahrräder, das ist ungefähr das, woran bis heute Menschen, die noch nie Peking waren, wie an ein Evangelium glauben.

Vielleicht mag es hier tatsächlich immer noch so viele Fahrräder geben. Doch stehen die meisten wohl inzwischen in irgendwelchen Fahrradkellern. Auf den hiesigen Straßen sieht man etwa so viele wie in Berlin bei schönem Wetter.* In Peking regieren ganz klar die Autos, von denen wöchentlich 15.500 neu angemeldet werden. Im Moment (Ende 2010) sind fünf Millionen unterwegs. Oder auch nicht, denn Peking ist die Stadt mit den schlimmsten Staus der Welt. Das wurde zumindest in einer jüngst veröffentlichten IBM-Studie festgestellt.

So regt sich denn auch ein erster Widerstand gegen die Herrschaft der Automobile. Anfang Juli veranstaltete eine Gruppe junger Pekinger eine kleine Fahrraddemo. Dabei ließ man sich vom »World Naked Bike Ride Day« inspirieren, der normalerweise im Juni stattfindet. Mit bunt bemalten Oberkörpern fuhren achtzehn Männer und drei Frauen sechzehn Kilometer durch die Stadt. Allerdings war niemand völlig nackt, denn das hätte Ärger mit der Polizei gegeben. Ziel der Demonstranten war es, ein Zeichen gegen die Rücksichtslosigkeit der Autofahrer zu setzen.

Das ist natürlich gut und richtig, schließlich gilt in China:

Wer das dickere Fahrzeug besitzt, hat eingebaute Vorfahrt. Die Rechte von Fahrradfahrern werden traditionell missachtet. Andererseits haben Fahrradfahrer hier auch viele Vorteile, die nicht zu unterschätzen sind. Jeder darf beispielsweise so fahren, wie er gerne möchte. Kein Polizist runzelt auch nur mit der Stirn, wenn ich bei Rot über eine Ampel brettere; kein Fußgänger meckert, weiche ich mal auf den Gehweg aus. Und wenn ich auf einer vierspurigen Straße auf der Gegenfahrbahn fahre, ist das ebenso Jacke wie Hose. Der Grund für dieses tolerante Verhalten ist wahrscheinlich, dass sich die meisten Pekinger Autofahrer immerhin daran erinnern können, wie sie vor kurzem selbst noch in die Pedale traten.

Deshalb fahre ich in unserer flachen Stadt auch lieber Fahrrad als anderswo auf der Welt. Ich fliege auf dem Sattel über die landstraßenbreiten Radwege und lasse so alle Autos schnell hinter mir. Dagegen muss ich mich bei jedem Heimaturlaub aufs Neue an die Kleinkariertheit der Berliner gewöhnen, die mich für jeden noch so marginalen Verkehrsordnungsverstoß zusammenschreien, beleidigen oder bedrohen. Jetzt überlege ich, bei meinem nächsten Aufenthalt in der deutschen Hauptstadt auch eine Fahrraddemo zu organisieren. Motto: »Fahrradfahren wie in Peking«. Jeder der will, kann sich beteiligen, und beim Fahren ist alles erlaubt. Nur Anmalen und Ausziehen bleibt verboten.

---

* Laut Angaben der englischsprachigen chinesischen Tageszeitung Global Times vom 29. Dezember 2010 macht der Fahrradverkehr in New York City inzwischen 21 Prozent des gesamten Straßenverkehrs aus. In Peking sind es nur noch 17,9 Prozent. Es ist zwar nicht ganz klar, woher das Blatt diese Zahlen hat, aber möglich sind sie allemal.

SOMMERWUNSCH [40]

Wenn ich heutzutage nach Deutschland fliege, nehme ich eine Maschine nach Berlin. Vor zwei Jahren gab es aber noch keine Direktverbindung. Also flog ich über Frankfurt. Hier parkte das Flugzeug jedes Mal auf einer Außenposition des Flugfelds, damit die Passagiere direkt am Ausstieg zur Gangway von Bundespolizisten kontrolliert werden konnten. Dabei musste allerdings nur der seinen Pass vorzeigen, wer irgendwie asiatisch aussah. So sollte offenbar verhindert werden, dass jemand ohne Visum überhaupt die eigentliche Grenzkontrolle im Flughafengebäude erreiche, wo er einen Antrag auf Asyl im sowieso schon rigorosen Flughafenverfahren hätte stellen können. Ob das wirklich der Grund war, kann ich nicht sagen, denn als ich einmal einen der bushidofrisierten Polizisten nach dem Grund befragte, knarzte es nur: »Das machen wir schon immer so.« Besonders unangenehm an dem Vorcheck war, wie herablassend die Grenzschützer meine chinesischen Mitpassagiere behandelten. Und dass jeder, der irgendwie germanisch aussah, durchgewunken wurde.

Ich habe keine Ahnung, ob man das in Frankfurt immer noch so handhabt. Ich weiß aber, dass man bei der Einreise nach China nicht so behandelt wird. Hier findet im Vorfeld keine Selektion statt, und jeder wird bis zur Grenzkontrolle vorgelassen. »Ist doch klar«, mag man jetzt einwenden, »China ist arm und die Menschen dort werden brutal unterdrückt. Deshalb gibt es auch keine illegale Einwanderung.«

Das ist allerdings ein Irrtum. Wie die englischsprachige *Global Times* jüngst berichtete, reisten in diesem Jahr bereits über zehntausend Migranten illegal allein in die im Südwesten Chinas gelegenen Stadt Chongzuo ein. Die grenzt an Vietnam, und so kommen hier hauptsächlich Vietnamesen über die grüne Grenze. Sie arbeiten auf den Zuckerrohrfeldern der Region, wo aufgrund der anhaltenden Stadtflucht Arbeitskräftemangel herrscht. Andere schlagen sich bis in die Provinz Guangdong durch, um in den dortigen Fabriken mehr als das Dreifache des vietnamesischen Lohns zu verdienen. Nach offiziellen Statistiken lebten im Jahr 2004 auch ungefähr zwanzigtausend illegale Afrikaner in Guangdong. Ihre Zahl wuchs seitdem pro Jahr um dreißig bis vierzig Prozent, so dass man inzwischen von etwa Achtzigtausend ausgehen kann.

So wie in Europa und im Rest der Welt werden natürlich auch in China illegale Ausländer außer Landes gebracht, sollte man ihrer habhaft wird. Allein aus der Provinz Guangxi schoben die Behörden im letzten Jahr über zweitausend Illegale ab. Allerdings mehren sich in China die Stimmen, die dafür plädieren, den Migranten ordentliche Arbeitsverträge und Aufenthaltsgenehmigungen zu geben. Das findet natürlich meinen Beifall, auch weil es bedeuten könnte, dass bei anhaltendem chinesischen Wirtschaftswachstum eines Tages ein paar ehemalige deutsche Bundespolizisten in Peking auf dem Flughafen stehen und die hiesigen Grenzbeamten um Aufnahme bitten. Dann stünde ich gerne daneben und sähe mir das Mienenspiel auf ihren Gesichtern an.

FUNKELNDER FERNER OSTEN (41)

Deutschsprachige Literatur über China gibt es tonnenweise. Es gibt auch ein paar ganz gute Reisebeschreibungen. Doch selten habe ich ein Chinareisebuch (das allerdings zur Hälfte auch in Korea und Japan spielt) so verschlungen wie »Funkelnder Ferner Osten« von Richard Katz. Das liegt nicht nur an dem eleganten, pointierten Stil, in dem der Autor schreibt. Katz ist auch ein genauer Beobachter, der sich weniger mit den großen Sehenswürdigkeiten des bereisten Landes aufhält, sondern einfach vom Reisen selbst und dem Alltag der Bewohner erzählt: Über gefakte Produkte in Hongkong, Staub in Peking, die Deutschen im Land, peinliche Stuhlproben oder die Begeisterung, mit der sich die Chinesen einzumauern pflegen (»eine wahre Mauer-Manie steckt in diesem Volk«). Seine Schilderungen sind auch deshalb so präzise, weil er bewusst langsam reiste; für seine Tour durch die drei asiatischen Länder nahm er sich ein ganzes Jahr Zeit. Eine Reisemethode, die ich nur empfehlen kann.

So liest sich Katz' Buch zeitweise wie eine Mischung aus »Allein unter 1,3 Milliarden« und »Bliefe von dlüben«, also so, als hätte ich es selbst geschrieben. Das kann nun gar nicht sein, denn ich erfreue mich bester Gesundheit, während Katz, 1888 in Prag geboren, 1968 verschieden ist. »Funkelnder Ferner Osten« ist sogar bereits 1931 erschienen, bei Ullstein in Berlin. Die Startauflage war sehr hoch, denn zwischen den beiden Weltkriegen war Richard Katz der erfolgreichste Reiseschriftsteller deutscher Sprache.

Auch Kurt Tucholsky war seinerzeit von Katz begeistert. In der Vossischen Zeitung lobte er 1927 dessen gerade erschienenes Weltreisebuch »Ein Bummel um die Welt«. Tucholsky preist des Autors »Schnoddrigkeit«, seinen »common sense« und dass er »von den Engländern und Amerikanern den trocken-bunten Ton der Schilderung geerbt hat«. Allerdings übersah der Rezensent auch ein paar Details, die einen Katz' Bücher heute nicht mehr uneingeschränkt empfehlen lassen. Besonders in »Bummel durch die Welt« pflegt er gegenüber »farbigen Völkern« und »Mischlingen« einen recht zeittypischen Rassismus. Der lässt zwar im Verlauf des Reisens langsam nach, und immer wieder äußert sich Katz auch ausgesprochen antikolonialistisch. Doch ganz schafft er es nicht, sich von seinen Vorurteilen zu befreien. Zudem ist sein antiamerikanischer Furor und seine Zivilisationsverachtung oft nur schwer erträglich. Auch hier ist Katz ein typisches Kind seiner Zeit.

Kurze Zeit, nachdem er »Funkelnder Ferner Osten« verfasst hatte, wurde Katz dann selbst Opfer eines bösartigen Rassismus. Weil er jüdischer Abstammung war, musste er 1933 in die Schweiz emigrieren. Weil er hier als Deutscher galt, war er 1941 gezwungen, weiter nach Brasilien zu fliehen. Und weil sich die Deutschen plötzlich nicht mehr von einem Juden erzählen lassen wollten, wie es in der Welt aussieht, war er auch als ihr Reisebuchautor erledigt; einige Quellen sprechen sogar davon, dass seine Bücher von den Nazis verbrannt wurden. Auch um die Rassisten nicht über Katz triumphieren zu lassen, sollte man ihn heute wieder lesen. Das ist gar nicht schwierig, denn »Funkelnder Ferner Osten« findet sich überraschend häufig in so manchem Antiquariat.

EIN GROSSES PROBLEM (42)

Jetzt im Sommer sieht man auf Pekings Straßen vermehrt sinnlos große Menschen. Es sind Touristen aus dem nord- und mitteleuropäischen Ausland, manche über zwei Meter hoch. Diese Menschen machen nicht nur einen erschreckend monströsen Eindruck, sie stehen auch für einen unglaublichen Ressourcenverbrauch. Ihre Körper benötigen viel mehr Stoff und Leder als normale Menschen, man muss größere Betten für sie zimmern und höhere Türen einbauen. Sie verbrauchen sogar mehr Atemluft. Und sie sind auch eine Gefahr für sich selbst, denn sie bekommen schneller Krebs, Osteoporose und einen Haufen anderer schlimmer Krankheiten.

Dagegen sind die Chinesen im Durchschnitt sehr viel vernünftiger gewachsen. Kleiner und wohlproportionierter verbrauchen sie entschieden weniger Rohstoffe als ein Giganto-Holländer oder Makro-Deutscher. Auch mir machen sie das Leben leichter: In China bekomme ich keine Genickstarre, wenn ich mich auf einer Party unterhalte, bei schrecklichen Verkehrsunfällen kann ich mühelos einen Blick auf das Opfer werfen und bei Rock- oder Pop-Konzerten sehe ich nicht nur Hälse, sondern die Band.

Es gibt allerdings Chinesen, die mit ihrer idealen Körpergröße nicht zufrieden sind. Diese Leute lassen sich operieren. Und so hat denn Bai Helong, ein Chirurg in Shanghai, in den letzten fünfzehn Jahren 3.000 Patienten die Beine durchgesägt und sie dann in einer langwierigen Prozedur um bis zu acht Zentimeter verlängert. Solche Eingriffe werden jedoch bald nicht mehr nötig sein. Bereits 2002 meldete die Tageszeitung *Renmin Ribao* ein dramatisches Körperwachstum bei chinesischen Jugendlichen. Sie waren durchschnittlich sechs Zentimeter größer als zwanzig Jahre zuvor.

2008 stellte dann die internationale Kleidergrößenvermessungsfirma Alvanon in einer groß angelegten Maßnehmaktion fest, dass die Chinesinnen mit durchschnittlich 1,63 Meter und die Chinesen mit 1,73 Meter bereits in etwa so groß wie die durchschnittlichen US-Amerikanerinnen und US-Amerikaner sind. Nach Meinung von Ernährungswissenschaftlern ist dieses enorme Größenwachstum auf die eklatante Überernährung zurückzuführen, die in China herrscht, hauptsächlich auf den verstärkten Konsum von Fleisch und Eiern.

Wohl deshalb wurden in den letzten Jahren auch immer mehr große Chinesen entdeckt. Der 2,27 Meter hohe Basketballer Yao Ming zum Beispiel, der in der US-amerikanischen NBL spielt, oder Bao Xishun, der mit 2,36 Meter lange Zeit als größter Mensch der Welt galt, bis ihn andere übertrafen, unter ihnen der 2,46 Meter große Zhao Liang aus der Provinz Henan. Noch sind diese Riesen Einzelfälle. Doch das Größenwachstum ist nicht aufzuhalten. Beim Peaches-Konzert in Yugong Yishan-Club musste ich neulich schon auf Zehenspitzen stehen, um die kleine Kanadierin zu Gesicht zu bekommen. Ich finde, es wird langsam Zeit, dass unsere Regierung etwas gegen dieses Lulatschwesen unternimmt. Man sollte eine verbindliche Körpergröße vorschreiben. 1,75 Meter hielte ich für angemessen, ja geradezu ein Gardemaß. Und jetzt dürfen Sie einmal raten, wer so ideal gewachsen ist.

REISETHERAPIE   (43)

Immer wenn in Peking mein Chinabild allzu rosig zu werden droht, mache ich Urlaub in der chinesischen Provinz. Hier lasse ich mir von den chinesischen Behörden das Bild korrigieren. Auch in diesem Jahr gelang das prächtig. Bei meiner Reise durch die Provinzen Shandong und Liaoning durfte ich insgesamt vier Mal nicht in Hotels übernachten, weil ich ein Ausländer bin. Das heißt, diese Hotels hatten keine Lizenz, um auch Menschen mit einem nichtchinesischen Pass zu beherbergen. Es waren durchweg preiswertere Hotels, die zum Teil einiges an Komfort vermissen ließen, zum Teil aber auch nicht. Trotzdem wurde auch dieses Mal wieder behauptet, die Lizenzierung der Hotels sei eingeführt worden, um ausländische Menschen vor allzu miesen chinesischen Hotels zu schützen (vgl. auch Kapitel 19: »Ordos muss nicht sein«).

Weshalb nur Ausländer dieses Schutzes bedürfen, erklärte man mir allerdings schon wieder nicht. Ob wir denn bessere Menschen seien, wollte ich von den Rezeptionistinnen wissen? Schweigen. Was sie denn dazu sagen würden, würde man ihnen im Ausland erklären, sie könnten in einem Hotel nicht wohnen, nur weil sie Chinesinnen sind? Noch schweigenderes Schweigen, begleitet von irritierten Blicken. Übernachten ließ man mich trotzdem nicht.

Die Sache mit den Hotels war allerdings nicht so schlimm wie die Tatsache, dass ich ausgerechnet in der Stadt Dalian – von der National Tourist Administration zu einer von Chinas »Best Tourist Cities« ernannt – als Ausländer plötzlich kein Internetcafé mehr benutzen durfte. Schließlich konnte ich mir ein anderes Hotel suchen, aber schlecht ein anderes Internet. Der Grund für das Cafe-Verbot: Seit ein paar Monaten muss man sich in Internet-Bars der Provinz Liaoning mit dem neuen, computerlesbaren chinesischen Personalausweis identifizieren, der dann an der Rezeption in den zentralen Internetbar-Rechner eingelesen wird. Als Ausländer besitze ich aber nur einen Pass, und den kann der Scanner nicht lesen. Es half nichts, dass ich dem Personal von meinen ausgedehnten Streifzügen durch Internetbars fast aller chinesischer Provinzen inklusive Tibet und Xinjiang berichtete. Auch ein Anruf bei der Polizei war vergebens: Ich durfte an keinen Rechner ran.

Ich könnte ja diesen Schikanen noch etwas abgewinnen, wenn sie irgendwie sinnvoll wären, und sei es nur, um uns Nichtchinesen für die Niederschlagung des Boxeraufstandes und die Opiumkriege bis ins allerletzte Glied zu bestrafen. Doch tatsächlich sind sie nichts anderes als der reine Quatsch. Auf derselben Reise wohnte ich nämlich nicht nur tagelang in billigen Substandard-Pensionen, ohne dass sich jemand überhaupt für meinen Pass interessierte. Ich bezog auch einen Tag nach dem letzten Internetbarverweis ein Hotelzimmer am Hauptbahnhof von Dalian, in dem ein kompletter Rechner stand mit permanenter Highspeed-Internetverbindung.

Hier sah ich mir auf dem beliebten Videoportal Youku drei Horrorfilme hintereinander an, in denen beamtenähnliche Menschen auf fürchterliche Weise ums Leben kamen. Dabei betrank ich mich mit Schnaps. So stellte ich sicher, dass ich meinen Verstand behielt und aus mir kein blinder Chinahasser wurde. Am nächsten Tag fuhr ich zurück nach Peking. Hier wartete ich geschlagende drei Wochen lang, bis mein Chinabild wieder rosig wurde.

_____ Diesen Beitrag kommentierte jemand, der sich »ein anderer Chinareisender« nannte, auf taz.de mit folgenden Worten: »Sind Sie sicher, dass Herr Schmidt sich das nicht ausgedacht hat? Ich habe es 1993 erlebt, dass viele Hotels für Ausländer gesperrt sind. Inzwischen lebe ich seit 11 Jahren in China und habe praktisch das ganze Land bereist, natürlich ohne Reisegruppe und nicht in 5-Sterne-Hotels. Ich habe es seitdem kein einziges Mal mehr erlebt, dass man als Ausländer bei einem Hotel/Herberge/Billigunterkunft abgewiesen wird, was wohl daran liegt dass es diese Regelung mit getrennten Hotels nicht mehr gibt.« Sehr lustig, dass es wenigstens einen Menschen auf der Welt gibt, der mir unterstellt, dass ich mir Erlebnisse ausdenke, um China schlechtzumachen. Ich kann diesem Menschen allerdings versichern: Das ist nicht der Fall. Und wer es trotzdem nicht glauben mag, dem schicke ich gerne die Liste der Hotels zu, die mir die Übernachtung verweigerten. Für einen Selbstversuch.

CHINESEN AM STRAND (44)

Neulich besuchte ich als einer der ersten Europäer nach 1949 einige Inseln des im Gelben Meer gelegenen Miao Dao Archipels. Ich gehörte zu den ersten, weil die Inseln noch bis zum Dezember 2008 für alle Ausländer gesperrt waren. Bei dieser Reise hatte ich an den Gestaden der Hauptinsel Changdao einmal mehr Gelegenheit zu beobachten, was meine chinesischen Mitbürger am Strand so alles machen: Sie sitzen herum und rauchen, sie posieren vor den Wellen und fotografieren sich gegenseitig, sie füllen Meerwasser in Flaschen, um es als Andenken mit nach Hause zu nehmen, sie fangen mit Käschern kleine Fische für ihr Goldfischglas, oder suchen nach Muscheln, um sie später zu verzehren. Und die Männer lassen sich dann und wann einbuddeln, damit man ihnen mit Sand Frauenbrüste machen kann (und von dieser Brust-Mann-Kombi wiederum ulkige Fotos).

Selbstverständlich essen meine Mitbürger auch am Strand, schließlich sind sie Chinesen: Wassermelonen, Fleischspieße, Sonnenblumenkerne, gegrillter Tintenfisch und getrockneter Tofu werden in den Mund expediert. Dazu wird meistens Bier getrunken, am liebsten in der prallen Sonne. Noch Wagemutigere haben sogar einen Badeanzug an oder eine Badehose. Damit stehen sie im Wasser, bespritzen sich mit Wasserpistolen und -bazookas, sie tragen ihre Frauen auf dem Rücken durch die Wellen oder fahren mit Tretbooten bis zur Absperrung, die dreißig Meter von der Küstenlinien entfernt ist. Und ungefähr zweistündlich wird ein so lautes Feuerwerk abgebrannt, dass man glaubt, man stünde während eines Atombombentests am Strand des Bikini-Atolls und könnte gleich durch seinen Nachbarn durchkucken.

Nur eins tun die Chinesen nicht am Strand, jedenfalls die allermeisten, und das ist: Schwimmen! Sie tun es nicht, weil sie es nicht können. Und so gehen erwachsene Frauen mit einem Schwimmreifen um die Hüften ganz vorsichtig ein paar Zentimeter ins Wasser, und am ganzen Körper tätowierte, muskulöse Männer stehen mit Schwimmflügeln an den Oberarmen stundenlang im Flachen rum. In Europa würde man sich als erwachsener Mensch für eine solche Aufmachung zu Tode schämen, in China schämt sich keiner, weil Schwimmen können hier nicht üblich ist. Das war mir schon in meinem Pekinger Lieblingsfreibad (siehe Kapitel 18: Antiposing im Pekinger Prinzenbad) aufgefallen.

Natürlich fragt man sich, warum fast kein Chinese schwimmt. Oder besser: Seit wann, denn früher war das anders. Als Mao Tse Tung am 16. Juli 1966 überraschend in der Industriestadt Wuhan auftauchte, um als Zweiundsiebzigjähriger über eine Stunde im ziemlich schnell dahinströmenden Jangtse zu schwimmen, sprangen mit ihm Tausende in den Fluss. In Filmen wie z. B. der großartigen Kulturrevolutions-Dokumentation »Morning Sun« kann man sehen, dass diese Menschen nicht nur ausgezeichnet schwammen, sondern dabei auch noch meterhohe Banner in den Händen trugen. Zudem wird in dem Film zu Bildern von ins Wasser springenden Kinderhorden berichtet, dass man nach Maos Badeausflug praktisch allen Kindern Chinas Schwimmen lehrte.

Was wurde aus diesen Kindern, die heute Mitte Fünfzig sein müssen? Hat man ihnen nach Maos Tod das Schwimmen wieder abtrainiert? Wurde nach der Öffnung Chinas das Schwimmen als kulturrevolutionärer Unfug geächtet? Ich, der ich auf fast wirklich jede chinesische Frage eine patente Antwort weiß, muss gestehen: Ich habe keine Ahnung. Vielleicht fragen Sie in diesem Fall einfach mal ihren behandelnden Sinologen?

LIU XIAOBO MUSS RAUS, ABER ... [45]

Vor ein paar Tagen wurde der Friedensnobelpreis an den Autor Liu Xiaobo verliehen. Das ist natürlich erst einmal zu begrüßen. Ein Mann, der ein Papier wie die Charta 08 aufsetzt und dafür Unterschriften sammelt, ist kein Krimineller. Er gehört deshalb auch nicht eingesperrt. Und so ist es gut, dass das Nobelpreiskomitee die chinesische Regierung an diese Tatsachen erinnert.

Eine andere Frage ist allerdings, ob das, was Liu Xiaobo für China will, tatsächlich auch dem Frieden dient. Abstrakt gesehen ist die Einführung der Demokratie in China, wie Liu sie in seiner Charta 08 fordert, eine gute Sache. Nur: Betrachten wir einmal die Länder, die vergleichbare Probleme wie China haben, unter anderem, weil ihre Volkswirtschaften bis vor kurzem noch planwirtschaftlich organisiert waren, und die man außerdem in den letzten Jahren versuchte, nach westlichem Vorbild und mit massiver westlicher Unterstützung zu demokratisieren. In keinem dieser Länder ging es der Bevölkerung nach diesen so genannten Farbenrevolutionen besser. Im Gegenteil. In der Ukraine, in Georgien und Kirgisistan entpuppten sich die »Demokraten« bald als ähnlich autokratische Herrscher wie ihre Vorgänger. In Georgien begann ein durchgedrehter Präsident einen Krieg, bei dem Hunderte von Zivilisten starben. Und in Kirgisistan kam es zu Pogromen, die bisher rund 2.000 Menschen das Leben kosteten, zumeist Angehörige der ethnischen Minderheit der Usbeken.

Selbst die Korruption wurde in diesen Ländern keineswegs zurückgedrängt, sondern sie blieb entweder auf demselben Level wie zuvor oder stieg. In der Ukraine (Platz 134) und in Kirgisistan (164) liegt heute der Korruptionsindex deutlich über dem Chinas (78; alle Angaben nach Transparency International, 2010). Auch wirtschaftlich konnten lediglich in Georgien leichte Fortschritte erzielt werden. In der Ukraine und in Kirgisistan ist dagegen der Lebensstandard in den letzten beiden Jahren gesunken.

Anders in China, wo der Lebensstandard auch der Ärmsten stetig steigt, selbst wenn die Unterschiede zwischen arm und reich immer größer werden. Und so wundert es auch nicht, dass diejenigen, die die Nobelpreisverleihung an Liu Xiaobo uneingeschränkt bejubeln, zu seinem Wirtschaftsprogramm schweigen. In der Charta 08 wird sowohl die Privatisierung sämtlicher Staatsbetriebe als auch die Abschaffung der staatlichen Monopole verlangt. Stattdessen plädiert man für eine völlig freie Marktwirtschaft. Dass damit gerade die Abschaffung jener Instrumente gefordert wird, denen China nicht nur einen Großteil seines Aufschwungs zu verdanken hat, sondern die es dem Land auch ermöglichten, die aktuelle Finanzkrise nahezu unbeschadet zu überstehen, wird dabei unterschlagen. Noch gefährlicher ist die Forderung, den Bauern den Verkauf ihres privat bewirtschafteten Bodens zu erlauben. Da die ärmeren Bauern so binnen kürzester Zeit ihr Land an Spekulanten verlieren dürften, ist dieser Punkt nichts anderes als ein Armutsbeschaffungsprogramm, das Chinas Großstädten schnell Slums nach indischen Vorbild bescheren würde.

Die Jubler schweigen auch zu dem Interview, das Liu Xiaobo 1988 dem Hongkonger Dissidentenblatt *Open Magazine* gab und in dem er sich zu der These verstieg, dass China wahrscheinlich »dreihundert Jahre Kolonisierung« brauche, um ein ähnlich demokratisches Gemeinwesen wie die damalige britische Kronkolonie Hongkong zu werden. Eine Ansicht, die er gegenüber *Open* im Dezember 2006 noch einmal bekräftigt hat. Man schweigt dazu, dass ausgerechnet dieser Friedensnobelpreisträger zu verschiedenen Gelegenheiten den amerikanischen Präsidenten George W. Bush und seine Kriege im Irak und Afghanistan befürwortete. Und auch zur Finanzierung des chinesischen PEN, dessen Vorsitzender Liu Xiaobo von 2003 bis 2007 war, durch das US-amerikanische National Endowment for Democracy*, liest und hört man von den Jublern nichts.

Selbstverständlich gehört ein Mensch trotz solcher Ansichten und Finanziers nicht ins Gefängnis. Deshalb muss Liu Xiaobo auch freigelassen werden. Doch sollte man den Versuch unternehmen, seine Forderungen kurzfristig zu realisieren – womöglich mithilfe westlicher Salondemokraten –, wäre das fatal, und das nicht nur für die Bewohner Chinas.

_____ * Das *National Endowment for Democracy* ist eine vorgeblich private, tatsächlich aber weitgehend staatlich finanzierte US-amerikanische Stiftung, die weltweit Oppositionsbewegungen unterstützt, deren Ziele sich größtenteils mit denen der amerikanischen Außenpolitik decken. So unterstützt die NED in China nicht nur Dissidentenorganisationen und deren Medien, sondern auch Separatistenorganisationen wie den World Uyghur Congress (WUC) oder Students for a Free Tibet. Nach Angaben auf der NED-Homepage flossen allein im Jahr 2009 an den chinesischen PEN 152.950 US-Dollar. Von Allen Weinstein, einem der Gründer der NED, stammt das inzwischen berühmte Zitat: »A lot of what we [NED] do today was done covertly 25 years ago by the CIA«. Welche Organisationen die NED in Asien noch finanziert und was die Stiftung springen lässt, ist hier nachzulesen: www.ned.org/where-we-work/asia/china
Mehr zu den zweifelhaften Thesen Liu Xiaobos findet man unter anderem in dem am 12. Oktober 2010 von den Professoren Barry Sautman und Yan Hairong in der Hongkonger *South China Morning Post* veröffentlichten Artikel »Liu Xiaobo deserves an IG Nobel Prize«, der auf verschiedenen Seiten im Internet kursiert.

DER KOMMUNISMUS IST DA (46)

Auf meiner letzten Inspektionsreise durch die chinesische Provinz kam ich auch in die im Nordosten gelegene Hafenstadt Dalian. Lange Zeit war sie in fremder Hand. Zunächst regierten hier die Briten, dann die Russen, schließlich die Japaner. Heute scheint sie hauptsächlich von Immobilienmaklern bevölkert. An jeder Straßenecke standen diese Zeitgenossen mit Schildern, auf denen sie Wohnungen zum Verkauf anboten. In den Fußgängerzonen wurden Immobilienflyer verteilt, auf großen Flatscreens informierte man über Wohnungspreise und selbst im Supermarkt »Carrefour« war bei den Kassen ein Stand errichtet worden, an dem man Apartments in der Nobelwohnanlage »Oriental Charms« zu verhökern suchte. Wahrscheinlich spekulierten die Makler auf Dialoge wie: »Schatz, brauchen wir noch was?« – »Stimmt, 'ne Wohnung. Fast vergessen.«

Ob sie auch wirklich was verkauften, kann ich nicht sagen. Ich weiß nur: Nach Angaben hiesiger Medien stehen in China momentan vierundsechzig Millionen neugebaute Wohneinheiten leer. Trotzdem wird stramm weitergebaut, auch in Dalian. Glaubt man den Bauschildern in der Stadt, kommen hier demnächst noch einmal rund hundert Hochhäuser dazu.

Einige Analysten behaupten wegen solcher Zahlen, es gäbe in China eine Immobilienblase, die bald platzen wird. So wie Japan in den Achtzigern oder die USA erst neulich, gerate dann auch China in die Krise. Doch diese Leute haben nichts begriffen. Das Überangebot an Wohnungen ist nämlich kein Zeichen für eine Blase, sondern dafür, dass hier – ganz so wie es im Programm der chinesischen Kommunistischen Partei steht – nach der momentanen Phase des »Sozialismus mit chinesischer Charakteristik« sehr bald der Kommunismus eingeführt wird. Dann wird ja bekanntlich jedem das gegeben, wessen er bedarf.

Konkret manifestiert sich das Nahen dieses großen Menschheitsziels z. B. im »Xinghai Wonderland«, einem noblen Neubaugebiet, das am Rande des gigantischen Xinghai-Platzes in Dalian steht. Im Verkaufsprospekt wird dieses »wundervolle Königreich« mit Paris, Venedig und New York verglichen: ein »gathering place of literators, scholars and young people, a romantic palace of showing perfect delicacy of the new age.« Und tatsächlich sieht das 2005 im »europäischen Stil« vollendete Viertel prächtig aus. Überall glänzt Marmor, schimmern grüne Kupferkuppeln und prunken weiße Skulpturen.

Wer aber etwas näher kommt, erkennt, dass das Prachtviertel schon seit Jahren nicht bewohnt wird. Zumindest leben hier nicht die im Prospekt erwähnten Jungen, Schönen und Gebildeten. Stattdessen sind Hunderte von armen Wanderarbeitern in die Paläste eingezogen. Zwar müssen sie sich momentan noch mit unverputzten Wänden und recht spartanischem Mobiliar begnügen, doch wenn erst aus der benachbarten »Versailles«-Einrichtungs-Mall die Louis Quinze-Möbel herbeigeschafft worden sind und die Champagnertankwagen vorfahren, ist der Kommunismus wirklich da. Karl Marx und Friedrich Engels haben es nicht mehr erleben dürfen, aber wir. Dafür tausend Dank, Du großes China!

BRUMM, BRUMM [47]

Kurz bevor in Shanghai die »größte Expo aller Zeiten« (Dietmar Schmitz, deutscher Expo-Generalkommissar und Referatsleiter für Messepolitik und EXPO-Beteiligungen im Bundesministerium für Wirtschaft und Technologie) am vorletzten Wochenende zu Ende ging, habe auch ich sie noch schnell besucht. Dabei fielen mir unter den knapp 700.000 Tagesbesuchern die vielen Rollstuhlfahrer auf. Rollstuhlfahrer sieht man auf Chinas Strassen eher selten, doch auf dem Expogelände wimmelte es von ihnen. Allerdings schienen etliche gar nicht so schwer behindert zu sein. An Stellen, an denen man mit dem Rollstuhl nicht durchkam, erhoben sie sich ohne Weiteres und marschierten sodann auf beiden Beinen stramm herum.

Bald war mir klar, weshalb viele Rollstuhlfahrer nur behindert taten: Wer sich nämlich auf der Expo durch die Gegend schieben ließ, musste am Eingang der verschiedenen Nationenpavillons nicht in der Schlange warten. Weil hier die Wartezeiten bis zu acht Stunden betrugen, war es kaum verwunderlich, wenn manch Expobesucher entdeckte, dass im Grunde ein Querschnittsgelähmter in ihm steckte – zumal die Rollstühle am Eingang gegen geringe Kaution ausgeliehen werden konnten.

Nach der Schlange vor dem chinesischen Pavillon war übrigens die vor dem deutschen am längsten. Weshalb die hauptsächlich chinesischen Expobesucher hier mehr als sechs Stunden ihrer Lebenszeit verschwendeten, war mir schleierhaft. Vielleicht zogen die Chinesen »unseren« Pavillon den anderen vor, weil das, was in ihm präsentiert wurde, irgendwie den falschen Rollstuhlfahrern ähnelte. Unter der Überschrift »Balancity« versprach man nämlich Ansichten einer »Stadt im Gleichgewicht« »zwischen Erneuern und Bewahren, Innovation und Tradition, Stadt und Natur«. Und so kam denn auch das Innere des Pavillons zunächst einmal ziemlich grün und zivilgesellschaftlich daher. Hier sang ein Kirchenchor, dort lebten welche in »Mehrgenerationenhäusern«, anderswo las man Julia Franck und konnte mit »Thermo Hanf« bei »feinkörnigem Nutzungsmix« »Freiräume gestalten«.

Wer aber genauer hinsah, entdeckte, dass das ganze Getue letztlich nichts mehr als die Verpackung zu einer großen Verkaufsveranstaltung war. An allen Pavillonecken blinkten deutsche Produkte: Eine Stihl-Motorsäge, ein Stückchen Ultradur Highspeed Kunstoff von BASF, in erster Linie aber die neuesten Innovationen der deutschen Automobilindustrie. Zwar gab die sich mit einem angeblichen »Zero-Emission-Van« von VW und dem »Car2go«-Carsharing-Programm von Daimler auch ein bisschen öko. Doch gleich vor dem Eingang stand das, was man in China wirklich verkaufen will: Ein Porsche 911 Carrera 4 (345 PS, 280 km/h, 11,3 Liter auf 100 km) und ein Mercedes 400 der S-Klasse (CO_2-Ausstoß: 191 Gramm pro Kilometer).

Nun kann man natürlich Deutschland so präsentieren, denn wahrscheinlich ist ja tatsächlich das Produzieren, Fahren und Verkaufen von Autos das, was die Essenz dieses Landes ausmacht. Doch warum heißt ein deutscher Pavillon dann »Balancity«? Hätte man mich um einen Namensvorschlag gebeten, ich hätte »Brumm, Brumm« gesagt.

_____ Mehr zu Deutschlands Engagement auf der Shanghaier Weltausstellung findet sich im Anhang unter der Überschrift »Wer China sagt, muss auch Deutschland sagen«.

KULTURREVOLUTION JETZT! (48)

Klassische chinesische Parks wie etwa der Park rund um den Sommerpalast in Peking gefallen mir sehr gut. Hier ist das Verhältnis zwischen Menschengemachtem wie Pavillons, Brücken, Skulpturen und der Natur ausgeglichen, und mal abgesehen von dem missglückten Marmorboot gibt es nichts, was das Auge stört. Anders sieht es in den modernen chinesischen Parks aus. In Peking wird noch der kleinste

Pocketpark mit Standbildern, Brunnen, Denkmälern, abstrakten Skulpturen, Pavillons, bizarren Steinen und erläuternden Schildern zugestellt. Die Gehwegplatten werden mit Kalligraphien beschriftet, die Bäume mit Lampions und Bannern zugehängt, das Ganze wird mit chinesischer Musik beschallt und nachts mit Lampen fünferlei Designs sowie blinkenden Glühwürsten illuminiert. Offensichtlich glaubt der heutige chinesische Gartenbauarchitekt an den Grundsatz: Je vollgestopfter, desto besser.

In der Provinz ist es noch schlimmer. Dort werden die Parks gerne an einem Thema entlang möbliert. Bis 2008 war die Vorgabe hauptsächlich »Olympia«, so dass es in diesen Parks von klassischen nackten griechischen Olympioniken, Hand- und Fußabdrücken in Beton von aktuellen chinesischen Olympiakämpfern, stilisierten Fackeln und Büsten des in China als Halbgott verehrten Belgiers Jacques Rogge nur so wimmelt. Beliebt ist auch das Thema »Musik«. In diesen Parks gibt es dann Plätze, in die Klaviertasten und Noten in die Gehwegplatten eingraviert sind, Wasserorgeln mit Musikuntermalung (Walzer, Madonna und Märsche) und Komponistendenkmäler (immer: Beethoven und Johann Strauss, seltener Bach und Chopin).

Manchmal ist das Thema allerdings auch ein Rätsel. So sah ich neulich im Haizhiyun-Park, einem großen Landschaftspark am Rande der ostchinesischen Stadt Dalian, neben riesigen grünen Grashüpfern und Ameisen auf meterhohen Eiern, eine gigantische Maus, die Kontrabass spielte, ein glatzköpfiges chinesisches Kind mit nacktem Hintern, an dem gerade ein Mops roch, und einen zehn Meter langen Urzeitfisch, der an einer Straßenböschung klebte. Auf einer Klippe, die ins Meer hineinragte, dienten überdimensionierte Klaviertasten als Sitzgelegenheiten, daneben stand eine verträumt geigende Bronze-Frau, in einem Waldstück graste eine lebensgroße Giraffenherde, auf einer Bergwiese sausten auf Skateboards weiße Kinder zu Tal und neben dem Park-Parkplatz schien eine zwei Meter hohe Kaurimuschel die geparkten Autos zu erschlagen. Von diesem Park träume ich manchmal nachts. Wache ich auf, frage ich mich, wer sich bloß so was ausdenkt, und welche geheime Botschaft dahinterstecken mag.

Ich glaube, sie enthält nichts Gutes. Und deshalb will ich an dieser Stelle meine chinesische Mitbürger fragen: Wie wäre es mal wieder mit einer Kulturrevolution? Es muss ja keine große sein, nichts Flächendeckendes. Es ginge nur darum, den ganzen Krempel in den Parks zu zerschlagen. Und dann bitte einfach alles liegen lassen, damit viel Gras über diese Episode der chinesischen Kunstgeschichte wächst.

VIP-LAND CHINA (49)

Als Magret Dünser im Mai 1971 die Sendung »V.I.P.-Schaukel« im ZDF startete, hatte praktisch niemand in Deutschland einen Schimmer, wofür die drei Buchstaben vor den drei Punkten standen. Damals gab es zwar Prominente, aber keine Very Important People. Inzwischen hat aber auch in Deutschland das VIP-Wesen so zugenommen, dass jedes Kind weiß, was die Abkürzung bedeutet. Allerdings bewegen sich die deutschen VIPs eher am ausgefransten Rand der Gesellschaft. VIP-Lounges existieren in Stadien, in denen man dubiosen Sportarten frönt, zum Beispiel im »VIP-Gebäude« des easyCredit-Stadions des 1. FC Nürnberg. Ein »VIP-Hundeprofi« ist auf dem Randgruppensender VOX zu Hause. Und die »V.I.P.-Vollvermittlung« vermittelt Frauen aus der Ukraine und Russland an Männer, die schon Schwierigkeiten damit haben, in die benachbarte Dorfdisco eingelassen zu werden.

Das alles ist bei uns in China anders. Hier stehen die VIPs in der Mitte der Gesellschaft. Das heißt: Praktisch jeder von den 1,3 Milliarden ist ein VIP. Und das kann er auch jederzeit beweisen, anhand der mindestens zehn Plastikkarten, die er in der Brieftasche hat: Eine vom Supermarkt um die Ecke, eine vom Friseur, eine vom Massagesalon und sieben von den Restaurants, in denen zuletzt gegessen wurde. VIP steht ganz groß drauf, und zwar in lateinischen Buchstaben, auch wenn der ganze Rest mit chinesischen Zeichen beschriftet ist. Schließlich soll auch ein Ausländer sehen, dass man wichtig ist, sollte man mal einem über den Weg laufen.

Doch beschränkt sich das hiesige VIP-Wesen nicht nur auf die VIP-Karten, für die man meistens einen VIP-Rabatt erhält. An jedem Rohbau steht die Nummer einer VIP-Hotline, bei der die VIP-Massen anrufen können, um eine VIP-

Wohnung zu kaufen. Es gibt einen VIP-Service bei China Mobile, mit dem es sich wahrscheinlich schneller telefonieren lässt, VIP-E-Mail-Accounts und eine VIP-Mitgliedschaft bei Taobao, der chinesischen Ausgabe von eBay.

Auch die Deutschen, die in China einen Fuß auf die Erde kriegen wollen, haben begriffen, dass es hier ohne eine »VIP-Policy« nicht geht. Wohl deshalb gab es im deutschen Expo-Pavillon in Shanghai einen getrennten VIP-Eingang. Durch den wurde allerdings nur jeder deutsche Passinhaber gelassen, während die VIP-Chinesen vor dem normalen Eingang ein paar Stunden warten mussten. Ich aber spazierte durch die VIP-Tür. Eigentlich sollte der VIP-Einlass auch für die Ehepartner der so privilegierten Deutschen gelten, unabhängig von deren Staatsangehörigkeit. Deshalb wollte ich auch meine chinesische Frau mit in den Pavillon nehmen. Doch der deutsche Türsteher hatte andere Vorstellungen: »Zahlen Sie denn auch Steuern in Deutschland?«, fragte er die Frau. Als sie in bestem Deutsch verneinte, blieb sie vor der Tür.

Nach diesem Erlebnis glaube ich, dass man in Deutschland doch noch nicht weiß, was VIP bedeutet. Dort übersetzt man die ersten beiden Buchstaben anscheinend mit »very impertinent«. Und glaubt, dass man sich so benehmen darf, vor allem gegenüber Fremden.

WIR WARTEN (NICHT) AUF DAS CHRISTKIND (50)

Die Westler hier in Peking sind vom Weihnachtsfest ganz besessen. Das zeigt sich jedes Jahr auf dem Weihnachtsmarkt der deutschen Botschaft, der regelmässig am ersten Advent stattfindet. Hier werden an diversen Buden Adventskränze und Weihnachtsbaumschmuck verkauft und der deutsche Chor singt dazu die üblichen ausgeleierten Weihnachtslieder. In den Buden selbst bereitet man Currywurst und Spanferkel zu, es gibt schwäbische Maultaschen, Nürnberger Glühwein, Christstollen und vom ollen Schindler – dem Wirt von »Schindler's Tankstelle« – Wurst, Schinken und Bommerlunder. Gesponsert wird der ganze Trubel unter anderem von Siemens, Daimler, Haribo und Volkswagen, so dass an der Glühweinbude »Siemens Glühwein« steht und an der Currywurstbude »VW Currywurst«. Das ist praktisch, denn so weiß auch der nichtdeutsche Weihnachtsmarktbesucher gleich, wem dieses Deutschland in Wirklichkeit gehört.

So wie beschrieben, sah der hiesige Weihnachtsmarkt zumindest im letzten Jahr aus und im Jahr zuvor. Wie es in diesem Jahr zuging, weiß ich nicht genau. Als ich nämlich den Markt besuchen wollte, traf ich vor dem Botschaftstor auf eine lange Schlange. Über fünfhundert Menschen, hauptsächlich Expats aller möglichen westlichen Nationen, standen sich die Beine in den Bauch, weil sich zwischen den Buden auf dem Botschaftsgelände bereits rund 2.000 Leute quetschten. Deshalb wurden nur noch so viele eingelassen, wie den Weihnachtsmarkt auch wieder verließen. Und so wartete man an der Spitze der Schlange schon eine Stunde, doppelt so lange wie im letzten Jahr. Angesichts der Wartezeit verzichtete ich. Ich war sowieso nur wegen der Currywurst und einem Bommerlunder gekommen. Auf die so genannte Weihnachtsstimmung, die viele in der Schlange als Wartegrund anführten, ist gepfiffen. Überhaupt: Ging es denn im Stall von Bethlehem so zu wie auf der Love Parade zu Duisburg?

Interessanterweise sind jetzt, ein paar Tage vor Heiligabend, die ganzen Weihnachtmarktbesucher aus der Stadt verschwunden. Die meisten sind in Richtung Westen aufgebrochen. Ein kleinerer Teil liegt an den Stränden Vietnams und Thailands. Der größere Rest aber feiert Weihnachten in Berlin, Paris, London oder Garmisch-Patenkirchen. Und warum? Weil man, so lautet die Auskunft schon wieder, das »Fest der Liebe« wg. der ominösen Weihnachtsstimmung einfach zu Hause feiern muss. Eine blödsinnige Begründung. Ich meine: Der Weihnachtsmann, das Christkind, Knecht Ruprecht usw., das ist doch alles absurd. Wegen solcher Fabelwesen setze ich mich jedenfalls nicht ins Flugzeug.

Und dann ist da noch ein Punkt, den ich zu bedenken gebe: Jeder, der zu Weihnachten in China bleibt, hat nämlich gegenüber allen, die nach Westen reisen, einen großen Vorteil. Weil es hier nämlich im Winter immer sieben Stunden früher als in Deutschland ist und sogar acht Stunden früher als in England, kommen auch der Weihnachtsmann, das Christkind, Knecht Ruprecht usw. bei uns zuallererst vorbei. Und deshalb kriegen wir auch die größeren und tolleren Geschenke. Schön blöd, wer da nach Hause fliegt. Na gut, trotzdem: Frohes Fest!

BAIBAI, PARTY, BAIBAI (51)

Manchmal glaube ich, die chinesischen Behörden studieren diese Kolumne ganz genau, um danach sofort zu handeln. Kaum hatte ich mich zum Beispiel neulich über die ubiquitäre Verwendung der englischen Abkürzung »VIP« in China lustig gemacht, erließ die staatliche Printkontrollbehörde General Administration of Press and Publication (GAPP) eine Verordnung, die die Verwendung englischer Abkürzungen wie VIP, GDP, CPI oder DVD in chinesischen Printmedien verbietet. Außerdem ist es künftig untersagt, fremdsprachige Vokabeln in chinesischen Texten zu benutzen oder Wörter, die aus dem Chinesischen und einer anderen Sprache verschmolzen worden sind. Also müssen beliebte englische Spaßvokabeln wie »party« oder »email« aus Zeitungen und Büchern verschwinden, und Abkürzungen jetzt umständlich auf Chinesisch ausgeschrieben werden. So wird aus der amerikanischen NBA ein Ungetüm namens »mei guo nan zi zhi ye lan qiu lian sai«.

Das habe ich nicht gewollt; schließlich sind solche Sprachreinhaltungsverordnungen sowieso der reinste Quatsch. Zunächst einmal: Wo ist die Grenze? Müssen nicht auch sinisierte Lehnwörter wie yinqing (engine), baibai (byebye) oder ku (cool), für die es bereits Schriftzeichen gibt, aus chinesischen Texten herausgesäubert werden? Jährlich erweitert sich die chinesische Sprache auf diese Weise um rund tausend neue englischstämmige Vokabeln. Und wenn man das bejaht, was ist dann mit den unzähligen älteren Wörtern, die aus dem Sanskrit, dem Mongolischen oder Japanischen stammen? Zudem: Ist nicht dieser Sprachreinhaltungsunfug schon in Frankreich daneben gegangen? Zwar gilt dort das 1994 erlassene Loi Toubon bis heute. Trotzdem sagt immer noch niemand »vacanelle« statt »weekend« oder »courriel« statt »email«. Doch gerade Frankreich wird von den hiesigen Befürwortern der Säuberungsverordnung immer wieder als Vorbild hingestellt. Will man in China wirklich den angelsächsischen Einfluss zurückdrängen, nur um am Ende französischen Ignoranten ähnlicher zu werden?

Bleibt die Frage, was das Ganze soll: Die GAPP behauptet, der vereinzelt auftretende chinesisch-englische Sprachmix habe nicht nur die Reinheit der chinesischen Sprache »schwer beschädigt«, sondern auch »negative soziale Auswirkungen auf eine harmonische und gesunde kulturelle Umwelt« gehabt. Konkrete Beispiele dafür aber fehlen. Und so halte ich das Argument von Huang Youyi, dem Vorsitzenden der Internationalen Föderation der Übersetzer, für einleuchtender. Der Mann hatte bereits im März 2010 ein Reinhaltungsgesetz gefordert, und das unter anderem mit dem Satz begründet: »Es gibt ja auch kaum chinesische

Zeichen in englischen Zeitungen.« Wenn das alles ist: Diesem Missstand kann schnell abgeholfen werden. Zwar nicht in einer englischsprachigen Zeitung, aber genau hier: 英文非常酷！Und während Chinesen jetzt eine unglaublich lustige Pointe gelesen haben, gehen Sie leer aus, als Strafe für den englischen Sprachimperialismus in China. Das hat er jetzt davon.

DAS KRITISCHE SCHAF (52)

Bevor jetzt gleich das Jahr des Hasen anbricht, bin ich erst einmal auf das Schaf gespannt. Es heisst Xi Yang Yang, was doof und halbfalsch mit »Pleasant Goat« übersetzt wird, und ist die populärste Trickfilmfigur Chinas. In mehr als tausend hiesiger Fernsehepisoden war es der Protagonist, zusammen mit seinem Gegenspieler, dem bauernschlauen Wolf Hui Tai Lang. Und seit zwei Jahren treten beide auch zu jedem chinesischen Neujahrsfest in einem abendfüllenden Spielfilm auf.

Als ich Anfang letzten Jahres den zweiten Film sah – auf Englisch war er mit »The Tiger Prowess«* betitelt –, staunte ich nicht wenig. Anders als die meisten chinesischen Majorproduktionen war er nicht nur ziemlich unterhaltsam, sondern auch inhaltlich nicht schlecht. In der Xi-Yang-Yang-Serie kämpft für gewöhnlich der Wolf Hui Tai Lang gegen die Schafe, die er fressen will. Doch in diesem Film war alles anders. Wölfe und Schafe werden gemeinsam von einer

Mafiagang bedroht, die von zwei Tigern und einem Gecko gebildet wird. Die Bande führt sich auf wie eine typische chinesische Immobilienfirma. Sie lässt die Wohnungen von Schafen und Wölfen abreißen, um auf ihrem Grund und Boden einen Vergnügungspark zu errichten. Und so schließen sich die beiden Gruppen zur Verteidigung ihrer Existenzgrundlagen zusammen.

Am Ende des Films stellt sich heraus, dass die Mafia-Investoren auch noch allesamt Betrüger sind. Ein angeblicher Tiger ist in Wirklichkeit eine fette Katze, der andere eine Hyäne, und der Gecko entpuppt sich als kleiner Dinosaurier. Der hat die Tiger gefälscht, weil er so im Tigerjahr problemlos an eine Abriss- und Umsiedlungsgenehmigung kommen konnte. Ein Betrug, wie er sich so ähnlich fast jeden Tag auch im wirklichen China ereignet. Dazu greift der Film nur schwach verbrämt noch andere problematische Phänomene aus dem chinesischen Alltag auf: Zwangsarbeit in unsicheren Bergwerken, das Auftreten der Schweinegrippe, der Desertifikationsprozess, dem Teile Chinas unterworfen sind – die Wüste, durch die Xi Yang Yang und Hui Tai Lang irren, war einmal grünes Grasland – oder Schlägertrupps, die für Immobilienfirmen arbeiten.

Kein Wunder, dass »The Tiger Prowess« mit einem Einspielergebnis von umgerechnet knapp 14 Millionen Euro einer der kommerziell erfolgreichsten chinesischen Filme war, denn er ist auch für Erwachsene nicht langweilig. Vorgeblich ein reiner Kinder-, Trick- und Fantasyfilm, enthält er nicht nur mehr politischen Sprengstoff als jeder Realfilm, der in den letzten Jahren in die chinesischen Kinos kam. Er zeigt auch, was hierzulande an Kritik in Massenmedien möglich ist, wenn man sich nur ein bisschen geschickt anstellt.

Jetzt warte ich schon ganz ungeduldig darauf, was der Xi Yang Yang-Neujahrsfilm in diesem Jahr bringen wird. Er heißt übersetzt etwa so viel wie »Xi Yang Yang und Hu Tai Lang und das tipptoppe Hasenjahr«. »Ding gua gua« = tipptopp, was das wohl bedeuten mag? Vielleicht ein riesiges Kaninchen, das wählen geht? Ich platze bald vor Neugier.

---

* Der Originaltitel des Tigerjahrfilms lautet 喜羊羊与灰太狼之虎虎生威 = »Xi Yang Yang Yu Hui Tai Lang Zhi Hu Hu Sheng Wei«, was sich kaum in eine andere Sprache übersetzen lässt, da er auf eine alte Redewendung anspielt. Der Hasenjahrfilm heißt im Original 喜羊羊与灰太狼之兔年顶呱呱 = »Xi Yang Yang Yu Hui Tai Lang Zhi Tu Nian Ding Gua Gua«. Beim Tigerjahrfilm gibt es noch ein weiteres Übersetzungsproblem. So ist es für jemanden, der kein Chinesisch kann, nicht ganz einleuchtend, weshalb der dritte Immobiliengangster ausgerechnet ein Gecko sein muss. Im Chinesischen ist die Erklärung einfach, denn hier heißt Gecko 壁虎 = bìhǔ, was nichts anderes als Wandtiger bedeutet.

Xi Yang Yang macht jetzt übrigens auch international Karriere. Buena Vista International kaufte 2010 die Senderechte der letzten hundert Fernsehepisoden, um die Serie in über fünfzig Ländern des asiatisch-pazifischen Raums zu verbreiten. Irgendwann wird das Schaf sicherlich auch entlegenere Regionen dieser Welt wie Deutschland erreichen. Sie wissen dann schon mal Bescheid.

ANHANG

WAS BEI DEN »UNRUHEN« IM WESTCHINESISCHEN XINJIANG WIRKLICH GESCHAH.

*Eine Rekonstruktion**

Am Montag, den 6. Juli 2009, erscheint die Präsidentin des World Uyghur Congress (WUC), Rebiya Kadeer, in Washington vor der internationalen Presse und erklärt: »Gestern gingen in der Regionalhauptstadt Urumqi chinesische Polizei und paramilitärische Kräfte gegen Tausende von uigurischen Demonstranten vor. Dabei wurden Hunderte von ihnen getötet und Hunderte mehr verletzt. Das ist ein Massaker ohne Beispiel ...« Ähnlich äußert sich etwa zur gleichen Zeit Asgar Can, der Vizepräsident des WUC, gegenüber *Spiegel Online:* »Es war eine friedliche Demonstration, die durch das Verhalten der Polizei eskalierte.« Can behauptet, allein 17 Demonstranten seien von Polizeifahrzeugen überfahren worden.

In den nächsten Tagen steigt nach Angaben des WUC die Zahl der uigurischen Opfer. Am 8. Juli präzisiert Rebiya Kadeer ihre Zahlenangabe mit 400 Toten, während der in

* Dieser Text erschien erstmals in Konkret 8/2009

München residierende Generalsekretär des WUC, Dolkun Isa, am gleichen Tag gegenüber *Spiegel Online* behauptet, 800 Uiguren seien ums Leben gekommen. Isa kann auch mit ganz konkreten Details dienen: Unter anderem seien in einer Traktorenfabrik Urumqis 150 Uiguren umgebracht worden, außerdem seien an der medizinischen Fakultät der Universität vier uigurische Studentinnen erstochen und enthauptet worden: »Ihre Leichen wurden an den Eingang der Fakultät gehängt.« Vizepräsident Asgar Can legt gegenüber dem *Spiegel* nach. In Urumqi würden »Leichen auf der Straße liegen wie Möbelstücke«, und inzwischen würden die Uiguren in ihren Häusern hungern. Dieselben Behauptungen werden auf einer Pressekonferenz in München wiederholt, über die die *FAZ* am 9. Juli berichtet. Allerdings ist nunmehr nur noch von zwei uigurischen Studentinnen die Rede, deren Köpfe an Bäumen aufgehängt worden sein sollen. Schließlich erklärt Rebiya Kadeer auf einer erneuten Pressekonferenz in Washington, von der AFP am 11. Juli berichtet, die Zahl der Getöteten sei auf 1.000, »manche sagen 3.000«, gestiegen.

Gleichzeitig bestreiten die Vertreter des WUC zunächst bei jedem Interview, dass auch Han-Chinesen bei den Krawallen verletzt oder gar getötet wurden. »Ich glaube«, sagt Kadeer dem Time Magazine am 7. Juli, »den Behauptungen der Chinesen nicht, dass Uiguren Chinesen verprügeln.« Zudem betonen sie und der WUC mit Nachdruck, in keiner keiner Weise in den Aufruhr involviert zu sein und ihn erst recht nicht initiiert zu haben. Genau das aber behauptet die chinesische Regierung: Rebiya Kadeer und ihr WUC hätten den Gewaltausbruch in Urumqi geplant und auch den Befehl dazu gegeben. Außerdem sei die Zahl der Opfer geringer als vom WUC angeben. Die meisten von ihnen seien auch keine Demonstranten, sondern unbeteiligte Zivilisten, darunter kaum Uiguren, sondern größtenteils Han-Chinesen, umgebracht von uigurischen »Kriminellen«. In den Artikeln der westlichen Presse zu den Vorgängen kommt diese chinesische Version allerdings nur am Rande vor und wird zugleich als Propaganda zurückgewiesen. Den verschiedenen Versionen des WUC räumt man dagegen großen Platz ein.

Dabei ist von Anfang an zu sehen, dass etwas an der Gräuel-Version des WUC nicht stimmt. Auf Videos, die offenbar von uigurischen Aktivisten auf Youtube hochgeladen wurden, kann man beobachten, wie zunächst nur reguläre, mit kurzärmeligen Hemden bekleidete, unbehelmte Polizeieinheiten versuchen, gegen die Demonstranten von Urumqi vorzugehen. Auch die Berichte von Augenzeugen, die sofort mit internationalen Nachrichtenagenturen Kontakt aufgenommen haben, klingen mehr nach einem normalen Polizeieinsatz als nach einem Massaker der Einsatzkräfte. Adam Grode, ein amerikanischer Fulbright-Stipendiat, der in Urumqi studiert, erklärt sowohl gegenüber dem britischen *Daily Telegraph* als auch der *New York Times,* die Polizei habe Tränengas, Wasserwerfer und Gummiknüppel eingesetzt, um sich gegen Steinwürfe zu wehren. Erst um 20 Uhr abends seien Einheiten mit »riot gear« aufgetaucht.

Zu diesem Zeitpunkt demonstrierten die Uiguren bereits drei Stunden lang, davon die letzte Stunde gewalttätig.

Doch Videos vom Tathergang und erste Augenzeugen, die von Angriffen eines gewalttätigen Mobs auf Han-Chinesen berichteten, waren von den westlichen Medien bereits bei den letztjährigen Unruhen der Tibeter weitgehend ignoriert worden – unter anderem auch, weil die Medien von der chinesischen Regierung aus Tibet ausgesperrt worden waren. Offenbar um eine ähnlich tendenziöse Berichterstattung zu verhindern, lud die Regierung dieses Mal die internationale Presse unmittelbar nach den Krawallen in Urumqi dazu ein, vom Ort der Ereignisse zu berichten. Etliche Journalisten folgen der Einladung umgehend und so erscheinen in den nächsten Tagen tatsächlich in einigen westlichen Zeitungen Berichte aus Xinjiangs Hauptstadt, die den Behauptungen des WUC und Frau Kadeers widersprechen. Der britische *Guardian* schreibt am 8. Juli: »Keiner von ihnen [gemeint sind Uiguren in Urumqi; CYS], mit denen der *Guardian* bisher gesprochen hat, erklärte, Menschen seien durch Sicherheitskräfte gestorben.« Die australische Tageszeitung *The Age* berichtet: »Uiguren behaupten, dass ›Hunderte‹ von ihnen an verschiedenen Orten in Urumqi massakriert wurden, aber vor Ort lassen sich dafür keine Beweise finden.« Im Gegenteil: »Es gibt allerdings«, schreibt *Telegraph*-Reporter Peter Foster am 8. Juli, »kaum Beweise, die Frau Kadeers Behauptungen stützen. Eine Serie von drastischen Fotos zeigt dagegen eine überwältigende Anzahl von han-chinesischen Leichen…«

Ähnliche Beurteilungen der Lage vor Ort sind im *Economist* und in einer AP-Meldung vom 11. Juli zu lesen. Der *Telegraph*-Journalist Malcolm Moore entschuldigt sich sogar in seinem Blog dafür, zunächst Rebiya Kadeer geglaubt zu haben: »Ich entschuldige mich, dass ich vorschnell geurteilt habe, aber ich habe mir niemals ernsthaft vorstellen können, dass chinesische Truppen nicht in der Lage sein würden, Uiguren davon abzuhalten, Han-Chinesen umzubringen.« Von deutschen Journalisten gab es solche Richtigstellungen nicht. Stattdessen und obwohl sie eigene Reporter vor Ort haben, wiederholen *FAZ* und *Spiegel* die Massaker- und Kopf-ab-Behauptungen des WUC, ohne mit einem Wort auf deren Fragwürdigkeit hinzuweisen. Bei *Spiegel Online* schaffen es am 8. Juli die offensichtlichen WUC-Fälschungen sogar bis in die Schlagzeile: »Leichen auf den Straßen, Hunger, Chaos: Exil-Uiguren, die per Telefon mit der Heimat Kontakt halten, berichten von einer dramatischen Eskalation der Lage...«

Vor Ort aber zeichnet sich dagegen immer deutlicher ab, dass nicht nur die Uiguren keineswegs von den Sicherheitskräften dahingemetzelt wurden, sondern dass es umgekehrt der uigurische Mob war, der am 5. Juli ein Massaker veranstaltet hat. Darauf deuten vor allem die bereits erwähnten Fotos hin. Es sind insgesamt 150, offenbar größtenteils Tatortfotos der Polizei, die den Journalisten in Urumqi übergeben werden. Einige dieser Fotos sind auch im Netz zu finden. Sie zeigen überwiegend Han-Chinesen mit zerschmetterten Schädeln und unnatürlich verrenkten

Gliedern, die mitten auf der Straße in ihrem eigenen Blut liegen. Die meisten Opfer sind mittelalte bis ältere Männer und Frauen, manche waren mit dem Fahrrad unterwegs. Und ganz offensichtlich wurden sie nicht bei Straßenkämpfen getötet. Man hat sie zu Tode geprügelt und mit Steinplatten erschlagen, offenbar nur weil sie Han-Chinesen waren.

Von getöteten Uiguren existieren dagegen nur sehr wenige Bilder. Der Korrespondent der Washington Post glaubt unter den 150 Fotos ganze zehn Uiguren zu erkennen. Auch im Netz findet man kaum Fotos von getöteten Uiguren, was angesichts der Vielzahl der von uigurischer Seite hochgeladenen Videos und Fotos nicht der Fall wäre, wenn es diese Bilder gäbe.* Die am 11. Juli von der chinesischen Nachrichtenagentur Xinhua veröffentlichten Opferzahlen unterstreichen nur das Verhältnis, das auch die Fotos wiedergeben: Von den 184 Toten sind 137 Han-Chinesen (davon 26 Frauen), 46 Uiguren (darunter eine Frau); ein Toter gehört der muslimischen Hui-Minderheit an. Nach offiziellen Angaben steigt die Zahl der Toten später auf insgesamt 197 an, ohne das hierbei die ethnische Zugehörigkeit spezifiziert wird.

Die ausländische Presse aber – die zwar die Zahlen veröffentlicht, aber die Fotos der erschlagenen Han-Chinesen nicht druckt – rätselt, was wohl der Auslöser für dieses Massaker gewesen sein mag. Ein unverhältnismäßig brutales Vorgehen der chinesischen Polizei, wie der WUC behauptet, kann es nicht sein. Das widerlegen die Zeugenaussagen als auch das Verhalten der chinesischen Polizei, das sie zwei

Tage später an den Tag legt. Als sich da auch Tausende von Han-Chinesen zusammenrotten, um sich an der uigurischen Gemeinde Urumqis für die Mordtaten der Radikalen zu rächen, werden sie von der Polizei und paramilitärischen Kräften (Wujing) daran mit Tränengas und Knüppeln gehindert. Die Polizei rettet dabei etlichen Uiguren das Leben. Das wird unter anderem von Reportern der Nachrichtenagentur *AP*, des *Wall Street Journals* und des *Telegraph* beobachtet. *Telegraph*-Reporter Peter Foster, der erwähnt, dass er auch schon von Polizeieinsätzen in Afrika, Pakistan, Indien und bei Fußballkrawallen in London berichtet hat, lobt sogar das Verhalten der chinesischen Einsatzkräfte ausdrücklich: »Nach dem, was ich selbst gesehen habe, hat sie [die chinesische Polizei; CYS] sich unter extrem schwierigen Bedingungen hochdiszpliniert und professionell verhalten und verdient dafür wirklich Lob.«

Eine viel wahrscheinlichere Erklärung als ein brutaler Polizeieinsatz ist dagegen, dass das Massaker an der han-chinesischen Bevölkerung Urumqis tatsächlich von vornherein geplant war. So wollte man erst die unüberbrückbaren ethnischen Spannungen im Westen Chinas schaffen, von denen viele westliche Beobachter überzeugt sind, dass es sie schon jetzt dort gibt. Für die Planung liegen zwar keine belastbaren Beweise vor, aber es existieren ein paar Indizien. So ist es kaum vorstellbar, dass in der Nacht vom 5. auf den 6. Juli 261 Fahrzeuge, darunter 190 – zum Teil besetzte – Busse mit Molotow-Cocktails angezündet werden konnten, ohne dass diese von irgendwem vorher präpariert wurden. Auch ob das Pogrom von Frau Kadeers WUC initiiert und gesteuert wurde, ist nicht klar. Allerdings ist es durchaus verdächtig, wenn Rebiya Kadeer einerseits gegenüber dem *Time Magazine* behauptet: »Wir haben keine Leute da [in Urumqi; CYS], und wir haben keine Verbindung«, andererseits aber sie und ihr WUC Opferzahlen und Gräuelmeldungen aus Urumqi an die Presse geben, die ihnen angeblich telefonisch aus der – zu diesem Zeitpunkt vom internationalen Telefonnetz abgeschnittenen – Stadt von Augenzeugen übermittelt wurden. Entweder hat also der WUC besondere Verbindungen vor Ort, die sich gewiss auch zu anderen Zwecken nutzen lassen, oder die ganzen Behauptungen und Zahlen des Vereins wurden in Washington und München selbst frei erfunden.

Ob das Pogrom aber nun vom WUC angestiftet wurde oder nicht: Wenn auch nur ein paar Hundert junge männliche uigurische Modernisierungsverlierer ihr Heil im Völkischen suchen und sich dabei zu solchen Gewalttaten hinreißen lassen, ist das natürlich auch ein Zeichen dafür, dass etwas im Verhältnis der Ethnien in Xinjiang nicht stimmt. Den Konflikt zu analysieren und zu lösen ist allerdings in erster Linie Aufgabe der Bewohner Chinas – dazu wurden nach den Morden bereits einige Vorschläge gemacht. Dabei sind jedoch Rebiya Kadeer und der WUC – der im übrigen im Jahr 2009 mit 186.000 US-Dollar von der berüchtigten National Endowment for Democracy bezuschusst wurde – nicht, wie der bayerische SPD-Landtagsabgeordnete Markus Rinderspacher meint, der »legitime Verhandlungspartner«. Zumindest hat das der Verein mit seinen Versuchen bewiesen, mittels Verbreitung von Horrorzahlen und -meldungen Öl ins Feuer zu gießen.

Die Presse – speziell die deutsche – wäre aber gut beraten, dem Vorbild von Teilen der angelsächsischen Presse zu folgen, und künftig den Behauptungen des WUC und ähnlich dubioser, völkischer Vereine eigene Recherchen entgegenzustellen, insbesondere wenn man eigene Leute vor Ort hat. Aber wahrscheinlich ist das vom Mainstream der deutschen Presse zu viel erwartet.

_____ * Ein weiteres Indiz dafür, dass es kaum Bilder von Polizeigewalt gegen die uigurischen Demonstranten gibt, liefert Rebiya Kadeer unfreiwillig selbst bei einem Interview am 7. Juli 2009 auf Al Jazeera. Hier hält sie am Ende ihres Auftritts ein grosses Foto in die Kamera, das mehrfach gestaffelte Polizeiketten zeigt, die eine Straße absperren. Dazu erklärt Kadeer, die uigurischen Demonstranten in Urumqi hätten angesichts einer solchen Polizeiübermacht wohl kaum Gelegenheit gehabt, selbst gewalttätig zu werden. Das Bild stammt von der Radio Free Asia-Homepage (RFA), wo es folgende Unterschrift trug: »On this picture sent to RFA by a witness, cordons of Chinese riot police face up demonstrators on July 5, in Urumqi.«
Einen Tag nach Kadeers dramatischen Auftritt klärt die Hongkonger Zeitung Ming Pao die Geschichte des Fotos auf: Es wurde am 6. Juli um 15:58 Uhr von *Reuters* mit der Bildbeschreibung veröffentlicht, die auch RFA verwendet hatte. Als Quelle gab die Nachrichtenagentur

lediglich Twitter an. Wenig später stellt sich allerdings heraus, dass das Foto tatsächlich am 21. Juni 2009 in der mehr als tausend Kilometer von Urumqi entfernten Stadt Shishou (Provinz Hubei) gemacht worden ist, und Polizeiabsperrungen zeigt, die sich aus einem völlig anderen Anlass gegen protestierende Han-Chinesen richteten. Es war zudem bereits am 26. Juni in dem festlandchinesischen Magazin *Southern Metropolis Weekly* erschienen. Reuters zieht deshalb das Foto um 18:55 Uhr des gleichen Tages zurück, was Frau Kadeer aber offensichtlich egal ist.

Im Zusammenhang mit den Ausschreitungen haben uigurische Exilorganisationen noch öfter falsche Fotos verwendet. So zeigte die Eastern Turkistan Australian Association in einem Propaganda-Video auf Youtube u. a. das Foto eines am Hals blutenden Mannes, der am Boden liegt. Suggeriert wurde, das Foto sei am 5. Juli in Urumqi aufgenommen worden und zeige ein uigurisches Opfer der Polizeigewalt. Tatsächlich ist auf ihm aber ein aus Xinjiang stammender, angeblicher Dieb zu sehen, der sich im August 2008 in der Shanghaier Shopping Mall ›People's Plaza‹ auf der Flucht selbst verletzt hat. Dieses Bild wurde bereits am 20. August 2008 im Shanghaier BBS-Forum KDS live publiziert. Und wie schon während der Unruhen in Tibet im Jahr 2008 veröffentlichten auch dieses Mal wieder westliche Medien falsch betitelte Fotos, so zum Beispiel der Londoner Evening Standard. Am 7. Juli druckt das Blatt das Bild einer stark am Mund blutenden Frau, die von einer zweiten Frau umarmt wird. Die Schlagzeile dazu lautet: »The women invoking Tiananmen's spririt«, was offensichtlich suggerieren soll, die Polizei habe in Urumqi ein Massaker veranstaltet. In der Bildunterschrift wird man noch deutlicher: »Two women comfort each other after being attacked by police.« Nach eigenen Angaben wurde die blutende Frau allerdings vom uigurischen Mob zusammengeschlagen, was unter anderem auch deshalb plausibel ist, weil es sich bei ihr eindeutig um eine Han-Chinesin handelt.

Mehr Informationen zu den Vorgängen in Xinjiang ab dem 5. Juli 2009 finden sich auf der ausgezeichneten Website 东南西北 –Eastsouthwestnorth des Hongkongers Roland Soong, der sämtliche im Netz auffindbaren, englischsprachigen Original-Meldungen sowie Fotos und Videos zum Komplex gesammelt und diese bis Ende Dezember 2009 ständig aktualisiert hat. Dieser Seite wurden auch die meisten der hier genannten Zitate entnommen. In Festland-China ist Eastsouthwestnorth übrigens gesperrt, was als Beleg für die Unabhängigkeit dieser Seite gelten darf. www.zonaeuropa.com/200907 06_1.htm

TRENDSPORT MAUERSPRINGEN.

Interview* zu Googles Rückzug aus China. Die Fragen stellte Svenna Triebler (Konkret)

Vor einigen Wochen hat sich Google aus China zurückgezogen und ist von dort nun über seine Hongkonger Seite zu erreichen. Was hat sich dadurch im chinesischen Web-Alltag geändert?

Hongkong ist natürlich auch China, doch gelten dort andere Gesetze. In Festland-China (also China ohne Taiwan, Hongkong und Macao) hat sich durch den Umzug von google.cn praktisch nichts geändert. Die Suchergebnisse, die vorher von Google selbst gefiltert wurden, werden jetzt von der Great Firewall of China gesiebt, dem von der chinesischen Regierung betriebenen Zensurfilter. Für mich selbst ändert sich rein gar nichts, da ich zum Suchen google.com oder google.de benutze. Hätte Google nicht so einen großen Krawall gemacht, hätte ich von Googles Umzug gar nichts gemerkt. Die meisten der über 400 Millionen chinesischen Internetnutzer übrigens auch nicht. Die benutzen die Suchmaschine Baidu, die in Festland-China einen Marktanteil von etwa 65 Prozent hat.

* Die ursprüngliche Fassung des Interviews erschien in Konkret 5/2010

Welche Gründe stehen überhaupt hinter dem mit großem Getöse vollzogenen Rückzug, beziehungsweise, was mag sich Google wohl davon versprechen?

Zunächst einmal ist Google gar nicht wirklich weg. An verschiedenen Standorten in Festland-China ist Google mit insgesamt etwa 600 Beschäftigten weiterhin präsent. Und die arbeiten auch weiter, z. B. daran, Android, ein Betriebssystem für Mobil- und Smartphones, in China zu etablieren. Das größte britische Computermagazin, *PC pro,* meint, hier sei das eigentliche ökonomische Interesse Googles in China zu verorten, während die Suchmaschine *google.cn* nur wenig Geld gebracht hätte. *PC pro*-Blogger Stuart Turton schreibt: »Google tat so, als sei seine Haltung zu China ein unerschrockenes Spiel. Blödsinn. Man hat ein Paar Zweier fallen gelassen, weil man noch drei Könige im Ärmel hat. Das brachte Google die Sympathie des Publikums und stützte seine bröckelnde ›Don't be evil‹-Fassade, dazu kam die Dankbarkeit der US-Regierung.«

Die aber, so glaubt Herr Turton, könne Google im Moment gut gebrauchen. Googles langfristige Pläne ließen sich nämlich nur verwirklichen, wenn die US-Regierung Infrastrukturmaßnahmen wie das Legen von Glasfaserkabeln und die Installation von DNS-Servern positiv begleite. Die chinesische Presse geht sogar noch weiter, und behauptet, Googles Rückzug nach Hongkong sei direkt mit der US-Regierung abgesprochen. Dafür hat man auch gute Argumente. Ding Yifan, Mitglied eines staatlichen

Thinktanks, der die chinesische Regierung und das Zentralkomitee der Kommunistischen Partei Chinas berät, schreibt in China Daily, dass sich kurz vor Googles verkündetem Abzug die CEOs von Google, Facebook, Twitter und Youtube mit US-Außenministerin Hillary Clinton zum Mittagessen getroffen hätten. »Einige Tage nach dem erhellenden Mittagessen«, so Ding Yifan, »kündigte Google wie erwartet den Rückzug seiner Suchmaschine an ... Sofort nach dieser Ankündigung hielt Clinton eine Rede, in der sie ihrer Unterstützung für Googles ›Internetfreiheits‹-Kampagne Ausdruck verlieh.«

Tatsächlich waren Google-CEO Eric Schmidt und andere am 7. Januar 2010 bei Clinton im State Department, wenn wohl auch nicht zum Mittag-, sondern zum Abendessen. Und prompt kündigte am 12. Januar ein Google-Sprecher an, google.cn werde zukünftig seine Suchergebnisse in China nicht mehr zensieren. Google ist aber noch direkter mit der US-Regierung verbandelt. Der Konzern war einer der Hauptsponsoren von Barack Obamas Wahlkampf und einige führende Google-Manager wurden nach Obamas Sieg Mitglied seiner Administration. Auch mit der CIA hat Google immer wieder eng zusammengearbeitet. So hat Google, wie die *Times* im März 2008 berichtete, die CIA-interne Datensammlung »Intellipedia« nach dem Vorbild von Wikipedia aufgebaut.

Die chinesische Presse vermutet, Zweck des mit massiver Unterstützung der Obama-Administration durchgezogenen Rückzugs sei es, von den hausgemachten Ursachen der anhaltenden Wirtschaftskrise in den USA abzulenken und China den schwarzen Peter dafür zuzuschieben. So gehöre Googles Schritt letztlich zu einer Kampagne, die Präsident Obama gegen die chinesische Regierung führe, um sie zur Aufwertung der chinesischen Währung zu zwingen. Das würde chinesische Waren in den USA teurer machen.

Was am Ende der tatsächliche Grund für Googles Rückzug ist, mag jeder für sich selbst entscheiden. Die Sorge um die Freiheit im Internet ist es sicher nicht.

Wie strikt ist die Internetzensur in China tatsächlich, und welche Inhalte sind davon betroffen?

Das kommt darauf an, worum es sich handelt. Die meisten ausländischen Internetseiten sind hier zugänglich. Die deutschen Internetmedien sowieso, auch diejenigen, die wie Spiegel Online, immer wieder Stimmung gegen China machen. Deutsch ist einfach eine zu kleine Sprache, die in China kaum jemand versteht. Gesperrt sind die Propagandaseiten der tibetischen und uigurischen Separatisten, Falun Gong-Seiten, taiwanesische Zeitungen, pornographische Seiten und seit den Krawallen der Uiguren im letzten Jahr auch soziale Netzwerke wie Twitter und Facebook. Damals wurde auch Youtube wieder gesperrt, das zwischenzeitlich zu erreichen war. Wikipedia dagegen war lange Zeit komplett gesperrt, jetzt sind nur noch ein paar Seiten blockiert; außerdem werden die Grafiken und Fotos rausgesiebt. Wer ganz genau wissen wollte, was alles in China gesperrt ist, dem habe ich im letzten Jahr (2010) noch Chinachannel empfohlen. Das war ein von Hongkonger Bürgerrechtlern geschriebenes Add On für Firefox. Wenn man das installiert hatte, konnte man sich auch im Rest der Welt hinter die Great Firewall of China begeben und sehen, was alles nicht mehr geht. Leider ist die Chinachannel-Seite nicht mehr im Netz zu finden. Das Interesse an einer solchen Erfahrung war wohl nicht besonders groß.

Die andere Seite der Internetzensur betrifft die chinesischen Blogs und Webseiten. Die kuckt sich die Internetpolizei an und wenn sie missliebige Inhalte findet, werden die entfernt. Das kann manchmal sehr schnell gehen. Aber meistens ist die Zensur zu langsam, und der umstrittene Beitrag ist schon längst als Kopie in anderen Blogs oder Foren zu finden. Dann kriegt man ihn nur noch sehr schwer aus dem Netz.

Welche Mittel gibt es, das zu umgehen? Und wie intensiv werden solche Möglichkeiten genutzt?

Die Great Firewall zu umgehen, ist wirklich sehr einfach. Man kann sich Software herunterladen und installieren, und dann die gewünschten Seiten mit Hilfe von Proxy Servern oder VPNs, also virtuellen privaten Netzwerken, aufrufen. Es gibt Bezahl-Angebote, die funktionieren dann besser und sind schneller, es gibt aber auch kostenlose Seiten. Diese Technik ist bei Chinesen durchaus bekannt, es gibt sogar einen eigenen Ausdruck dafür, 翻墙 = »fan qiang«, das heißt soviel wie »über die Mauer gehen«. Ich habe diese zwei Schriftzeichen für die erste Fassung dieses Interviews am 8. April 2010 von Peking aus auf google.cn gesucht. Da kam ich auf 7.800.000 Hits. Für dieses Buch hier habe ich es am 22. Dezember 2010 noch einmal versucht. Da waren die Suchergebnisse blockiert. Die Zensoren haben wahrscheinlich Konkret gelesen. Allerdings konnte ich »fan qiang« in der Umschrift googeln. Auch so finden sich noch viele Seiten, die einem erklären, wie man die entsprechende Software installiert und benutzt. Und dieses konkrete Beispiel zeigt sehr schön: Im chinesischen Internet gibt es immer einen Weg.

Wie intensiv das »Über die Mauer Gehen« genutzt wird, weiß ich nicht. Für etliche Chinesen aber scheint es ein richtiger Sport zu sein. Dagegen wundere ich mich über meine Mitausländer in China. Da gibt es einige, die mir immer wieder erzählen, wie schlimm es ist, dass die chinesische Regierung ihre Freiheit im Internet einschränkt. Aber die zehn Minuten, die es braucht, um die Great Firewall zu überwinden, die bringen sie nicht auf.

In einem großen Artikel zum Thema beklagt der »Spiegel«, die Suchanfrage »Falun Gong« führe bei verschiedenen Suchmaschinen entweder ins Leere oder zu Falun-Gong-kritischen Seiten. Gehört so etwas überhaupt zu den Themen, die die chinesische Öffentlichkeit besonders interessieren?

Gute Frage, auf die habe ich gewartet. Ich überprüfe hier nämlich immer gerne alles, was der Spiegel über China behauptet, sofern ich die Möglichkeiten dazu habe. Und so habe ich in der Woche, in der besagter Spiegel-Artikel erschien, sofort auf google.com nach »Falun Gong« gesucht. Laut Spiegel hätte ich schon aufgrund der Suchanfrage eine Fehlermeldung bekommen müssen. Ich habe aber genau dasselbe detaillierte Suchergebnis bekommen, das man – wiederum laut Spiegel – angeblich nur in Hongkong erhält. Das beweist ein Screenshot, den ich gemacht habe. Und natürlich habe ich dabei kein Hilfsmittel benutzt, um die Firewall zu überwinden. Man sollte dem Spiegel wirklich nicht allzu viel glauben, vor allem, wenn es um China geht. Allerdings muss man auch sagen, dass sich ein Suchergebnis hier jeder Zeit ändern kann. Das macht das Internet in China so spannend.

Falun Gong selbst ist eine üble Sekte, die in den Neunzigern einigen Einfluss in China hatte. Inwieweit sie über den heute noch verfügt, ist schwer zu sagen. Auf jeden Fall ist ihren Mitgliedern in den letzten Jahren keine spektakuläre Propaganda-Aktion – wie etwa Selbstverbrennungen – mehr gelungen. Nicht einmal zu den Olympischen Spielen haben sie irgendwie auf sich aufmerksam gemacht. Das deutet daraufhin, dass der Einfluss der Sekte zurückgegangen ist.

Im selben Artikel wird das Internet als Motor einer Demokratisierung Chinas bejubelt. Der deutsche Durchschnitts-

user nutzt das Netz ja hauptsächlich zum Spielen und Chatten; ist das Internet in China tatsächlich ein politischerer Schauplatz?

Doch, das glaube ich schon. Anders als die meisten Deutschen wissen die meisten Chinesen nämlich, dass sie nicht alles, was in der Welt passiert, aus der Zeitung oder dem Fernsehen erfahren. Es wird hier viel vertuscht und Korruption ist weit verbreitet. Da funktionieren die vielen Blogger, die es gibt, tatsächlich in einem viel stärkeren Maße als Aufklärer von konkreten Missständen als Blogger im Westen. Und sie haben auch oft Erfolg. Korrupte Kader werden eingesperrt, weil ihnen die Netzgemeinde auf die Spur gekommen ist. Ungerechte Landnahmen durch Spekulanten werden rückgängig gemacht oder es werden höhere Entschädigungen gezahlt. Ein Mädchen, das sich der Vergewaltigung durch einen Kader widersetzt und ihn dabei erstochen hat, wird aufgrund eines Aufschreis im Netz freigesprochen.

Das Internet in China ist auch in anderen Bereichen sehr viel wichtiger als im Westen. Zum Beispiel wird sehr viel mehr Literatur im Netz gelesen, vor allem von den Jüngeren. Viele Popromane erscheinen zunächst online, und gehen nur in Druck, wenn sie besonders erfolgreich sind.

Ansonsten wird natürlich auch in China im Netz hauptsächlich gespielt, gechattet und es werden Filme gekuckt. Das kann man in jedem der riesigen Internetcafes sehen.

Und so traut selbst der chinesische Promi-Blogger Han Han, der millionenfach gelesen wird, dem politischen Bewusstsein seiner Gemeinde wenig. Anlässlich Googles Abzug schrieb er, dass sich natürlich alle chinesischen Internetnutzer gerne ohne Zensur durchs Netz bewegen würden. »Das ist wie beim Lebensmittelkauf. Die Leute sind immer glücklicher, wenn man ihnen mehr gibt. Wenn allerdings Baidu [die chinesische Suchmaschine] jedem ›Netizen‹ zehn RMB [rund ein Euro] geben würde, damit er nicht nur einen neuen Browser installiert, der Google sperrt, sondern auch dafür, dass er eine Suchmaschine benutzt, dessen Ergebnisse völlig in Einklang mit Chinas Gesetzen und Regulierungen sind – oder diese sogar noch übertrifft –, ich wette, mehr als die Hälfte würden dieses Angebot akzeptieren.« Dieser Kommentar zu Googles Abgang wurde von der Zensur auch recht schnell wieder gelöscht. Doch jeder, der will, kann ihn auch jetzt noch irgendwo in den Weiten des Netzes nachlesen. So ungefähr funktioniert chinesische Internetzensur.

AUCH BLOSS PROPAGANDA?

China und die deutschen Medien

Die Regierung Chinas wird von den deutschen Medien immer wieder hart angegangen: Wegen ihrer Menschenrechtsverletzungen, fehlender Pressefreiheit im Land, oder jüngst wegen der Zensur, dem das Internet in China unterliegt. Über Chinas fast genauso bevölkerungsreiches Nachbarland Indien liest, hört und sieht man wenig Kritisches in den deutschen Medien. Kein Wunder, möchte man meinen, schließlich ist China ja auch eine Diktatur, und Indien eine parlamentarische Demokratie nach westlichem Muster. Da gibt es nicht viel zu kritisieren.

Tatsächlich? Die *New York Times* meldete im letzten Jahr, dass China die Unterernährung bei den unter fünfjährigen Kindern auf 7 Prozent reduziert hat. Die Vergleichszahl für Indien liegt bei unglaublichen 42,5 Prozent. Und diese Zahl nimmt trotz des enormen indischen Wirtschaftswachstums weiter zu. Die durchschnittliche Lebenserwartung beträgt laut dem 2009 von der UNO erstellten Human Development Report in China 72,9 Jahre; damit ist sie genauso hoch wie im EU-Staat Estland. In Indien liegt sie bei 63,4 Jahren. Das heißt, ein heutiger Inder lebt durchschnittlich fast zehn Jahre kürzer als ein heutiger Chinese. Bei der Bildung führt China ebenso mit weitem Abstand vor Indien. 93,3 Prozent aller Bewohner Chinas können laut dem UN-Report lesen und schreiben. In Indien sind es lediglich 66 Prozent. Auch das Recht auf Leben ist ein Menschenrecht, ebenso wie das Recht auf Bildung. Doch diese Rechte werden im demokratischen Indien täglich viel stärker verletzt als im undemokratischen China. Wieso aber erfährt man darüber kaum etwas aus den deutschen Medien?

Übrigens: Obwohl Indien eine Demokratie ist, gibt es im Land eine Zensur, vor allem bei religiösen und sexuellen Themen. Salman Rushdies Buch »Die satanischen Verse« wurde hier sofort nach Erscheinen verboten. Der Film »The Pink Mirror«, in dem es um Schwule und Transsexuelle geht und der auf internationalen Festivals einige Preise gewann, darf bis heute in Indien nicht gezeigt werden. Und wie in China sind auch in Indien viele Seiten im Internet blockiert. Aber auch dazu schweigt man in den deutschen Medien. Stattdessen wird über jede Reise des Dalai Lama berichtet, und ausführlich über die Aktivitäten tibetischer Separatisten. Was aber weiß man in Deutschland über, sagen wir mal, die im Osten Indiens kämpfende Befreiungsfront von Assam oder die maoistischen Naxaliten, die innerhalb Indiens immerhin eine Fläche von der Größe Portugals kontrollieren?

Damit wir uns nicht falsch verstehen: Natürlich sollten deutsche Medien auch über Menschenrechtsverletzungen und Zensur in China berichten. Aber sie sollten bei ihrer Berichterstattung die Relationen beachten. Und vielleicht berichtet man auch mal über den einen oder anderen Fortschritt, den die chinesische Gesellschaft macht: Zum Beispiel darüber, dass sich nach Angaben von Menschenrechtsorganisationen die Zahl der vollstreckten Todesurteile in China in den letzten Jahren um ein Drittel verringert hat. Oder dass sich China auf dem von »Reporter ohne Grenzen« erhobenen Pressefreiheitsindex in den Jahren von 2002 bis 2009 um mehr als zehn Punkte verbesserte. Über die Demokratieexperimente, die die chinesische Regierung in den Dörfern unternimmt. Oder über die Debatten unter chinesischen Professoren und anderen Intellektuellen, wie sie zum Beispiel Mark Leonard in seinem ausgezeichneten Buch »Was denkt China« beschrieben hat. Bleibt es dagegen bei dem momentanen Tenor der Berichterstattung, darf man sich nicht wundern, wenn man von Chinesen immer öfter hört: »Eure angeblich so freien Medien machen doch auch bloß Propaganda.«

(Radiokommentar aus der Sendung ›Politikum‹ auf WDR 5 vom 26. Januar 2010. Leicht geänderte Fassung.)

WER CHINA SAGT, MUSS AUCH DEUTSCHLAND SAGEN.

Zum Ende der Weltausstellung in Shanghai

Natürlich war die Weltausstellung in Shanghai überflüssig. Eine zeitlich begrenzte Veranstaltung, auf der Milliarden von Euro und ein Maximum an Ressourcen verballert werden, kann nur überflüssig sein. In diesem Sinne wurde die Expo auch von der deutschen Presse gleich zum Start heldenmütig kritisiert. »Weltausstellungen«, so hieß es, »sind eine im Alter des Internets und des Massentourismus völlig überholte Idee.« Es handele sich um einen »Dinosaurier«, ein »Fossil«, so »verstaubt wie ein stillgelegter Paternoster im Pariser Eiffelturm«. Wie üblich bekam bei diesem Rundumschlag auch das chinesische politische System sein Fett weg. So lautete das Resümee der *Süddeutschen Zeitung:* »Wirklich erfolgreiche, entwickelte Nationen können auf solch einen Kraftakt verzichten.«

In der deutschen Presse las man allerdings nicht, dass demnach auch Deutschland keine besonders erfolgreiche und entwickelte Nation sein kann. Schließlich ist Deutschland so massiv wie noch nie zuvor auf einer Weltausstellung in Shanghai vertreten gewesen. Fünfzig Millionen Euro kostete allein der deutsche Nationenpavillon, fünf Millionen der Auftritt der Kampagne »Deutschland und China – Gemeinsam in Bewegung«. Außerdem war Hamburg mit einem eigenen Pavillon vor Ort, Bremen, Freiburg und Düsseldorf mit einem je eigenen Stand. Und was ist mit den deutschen Firmen, die wie Siemens zu den Hauptsponsoren zählten? Geharnischte Kritik an diesem Präsentationswahn sucht man in der deutschen Presse vergebens.

Und so gleicht die Kritik der deutschen Medien an der Weltausstellung der üblichen Kritik an dem chinesischen Ressourcenverbrauch und an der mit Industrialisierung und Verstädterung einhergehenden chinesischen Umweltverschmutzung. Denn auch auf diesem Gebiet will man China nicht zubilligen, was in der bereits entwickelten Welt gang und gäbe war oder ist. Statt dessen sollen sich die Chinesen bescheiden. Sie sollen nicht das konsumieren dürfen, was man im Westen konsumiert, und am besten keine Autos fahren. Ausgeklammert wird bei dieser Kritik zudem fast immer, dass die Produkte, deren Produktion die Umwelt verschmutzen, auch heute noch zu einem großen Teil in der entwickelten Welt verkauft und verbraucht werden, dass also der Ressourcenverbrauch und die verschmutzte Umwelt Chinas auch der Ressourcenverbrauch und die ausgelagerte Umweltverschmutzung des Westens ist.

So lange man in den deutschen Medien nicht über diese Zusammenhänge reden will, ist die Kritik an der Expo genauso wie an den ökologischen und ökonomischen Verhältnissen in China nichts anderes als gratismutig. Wirklich mutig wäre es, wenn man zum Beispiel stattdessen endlich einmal das Konzept des individuellen Automobilverkehrs als rückständig und anachronistisch kritisieren und die Abschaffung privater Autos propagieren würde – in China *und* in Deutschland. Es wäre mutig, weil man dann sowohl die Anzeigenkunden als auch neunzig Prozent der Leserschaft gegen sich hätte. Und darum werden wir diese Forderung genauso sicher nicht in den relevanten deutschen Medien lesen oder hören, wie hier die einseitige Kritik an Chinas Umweltgebaren weiter gehen wird.

(Radiokommentar aus der Sendung ›Politikum‹ auf WDR 5 vom 28. Oktober 2010. Leicht geänderte Fassung.)

Index

A

Abba (Band) — 57
Ächz-Sprache — 59
Adidas — 57
Afghanistan — 92, 128
Ägypten — 73
Ai Weiwei — 11, 18, 49 f.
Akademie für Sozialwissenschaften — 106
Al Jazeera (TV-Sender) — 155
Algerien — 109
Allein unter 1,3 Milliarden (Buch) — 83, 91, 102, 117
Alvanon — 120
Android (Betriebssystem) — 159
Antenne Bayern (Radiosender) — 101
Arbeiterstadion-Schwimmbad (Pk.) — 54
Argentinien — 109
Armani — 57
Auswärtiges Amt — 90

B

Bach, Johann Sebastian — 135
Baganz, Jens — 98 ff.
Bai Helong — 119
Baidu (Suchmasschine) — 83, 158, 166
Baijiu — 62
Bangladeshis — 81
Bao Xishun — 120
Baoding (Hebei) — 111
Baotou (Innere Mongolei) — 64

BASF — 133
Bayern — 100
Beethoven, Ludwig van — 135
Befreiungsfront von Assam (Indien) — 168
Beggar's Opera — 43
Beidaihe (Hebei) — 45
Berlin — 71, 79, 112, 114, 140
Bethlehem — 140
Bhutan — 21
Bikini-Atoll (Marshall-Islands) — 125
Bliefe von dlüben (Buch) — 11, 13, 83, 117
Blume, Georg — 23
BMW — 87
Bohai-Küste — 45
Bommerlunder — 140
Boxeraufstand — 122
Brasilien — 110, 118
Brecht, Bertolt — 42
Bremen — 171
Bruce Lee — 41
BTV (Beijing Television; Fernsehsender) — 41, 102, 107
Budweiser — 111
Buena Vista International — 145
Ein Bummel um die Welt (Buch) — 117
Bundesministerium für Wirtschaft und Technologie — 132
Bundesvision Song Contest — 48
Burberry — 57
Bush, George W. — 25, 128

C

Can, Asgar — 147 f.
Caonima — 96 ff. *Siehe auch* Gras-Schlamm-Pferd
Carrefour — 130
CCTV News (Fernsehsendung) — 107

CCTV-Tower (Pk.) — 41
CDU (Christlich Demokratische Union Deutschlands) — 98
Chang, Gordon G. — 27 ff.
Changdao (Shandong) — 124
Charta 08 — 126 f.
Chen Fengfeng — 110, 111
Chengdu (Sichuan) — 110
China Mobile — 138
China-Afrika-Forum — 73
Chinachannel (Add on) — 162
Chinesischer PEN — 128
Chinglish — 59
Chongqing — 38 f., 59
Chongzuo (Guangxi) — 115
Chopin, Frédéric — 135
Chow Yat Ngok, York — 74
Christenverfolgungsindex — 21
Christkind — 140
CIA (Central Intelligence Agency) — 160
Clinton, Hillary — 29, 160
Colwill, Sarah — 104
The Coming Collapse of China (Buch) — 27

D

Daimler — 133, 139
Dalai Lama (Gyatso, Tenzin) — 22, 168
Dalian — 121, 122, 130, 131, 135
Deine Lakaien (Band) — 47
Deutsche Botschaftsschule — 43
Deutsche Welle (Radiosender) — 97
Deutschland und China – Gemeinsam in Bewegung (NGO) — 170
Ding Yifan — 159, 160
Dongsheng (Innere Mongolei) — 65, 66
Dongsi Shitiao (Pk.) — 34 f.

Drei-Schluchten-Damm Hubei) — 35
Drei-Schluchten-Damm-Stausee — 37
Drei-Schluchten-Museum (Chongqing) — 38
Dreigroschenoper — 42
Dschingis Khan — 63 ff.
Duisburg — 140
Dünser, Magret — 136
Düsseldorf — 171

E

Eastern Turkistan Australian Association — 156
easyCredit-Stadion — 137
eBay — 138
Eiffelturm — 35, 38, 170
Einheitsfrontlied — 43
Engels, Friedrich — 132
England — 109
Erdogan, Recep Tayyip — 22
1. FC Bayern — 100
1. FC Nürnberg — 137
Estland — 167
Expo 2010 (Sh.) — 132, 138, 170, 171

F

Facebook — 52, 84, 160, 161
Falun Gong — 21, 161, 163, 164
Fan Bing Bing — 57
fan qiang (chin. für: Über die Mauer Gehen) — 163
Farbenrevolutionen — 127
Feng Xingliang — 99
Feng-Shui — 28, 29
Fengjie (Chongqing) — 14, 37 f.
FIFA (Fédération Internationale de Football Association) — 111
Foreign Accent Syndrome — 104

Foster, Peter — 150, 153
Fotos (Band) — 47 f.
Franck, Julia — 133
Frankfurt a.M. — 78, 114, 115
Frankfurter Allgemeine Zeitung — 68, 83, 96
Frankreich — 142
Freiburg — 171
Friedensnobelpreis — 126
Funkelnder Ferner Osten (Buch) — 116
Fußballweltmeisterschaft — 12, 108 ff.

G

Garmisch-Patenkirchen — 140
Gay, John — 43
Gelbes Meer (chin.: Huang Hai) — 124
General Administration of Press and Publication (GAPP) — 141 f.
Georgien — 127
Glaser, Peter — 83
Gobi (chin.: Gebi) — 63
Goethe-Institut — 47
Google (Suchmaschine) — 34 f., 83, 85, 95, 158 ff.
    Google Street View — 34
Grabfegetag — 36. *Siehe auch* Qingming
Grand Hyatt — 100
Gras-Schlamm-Pferd — 96, 97. *Siehe auch* Caonima
Great Firewall of China — 83, 158, 162, 163
Green-Dam (Software) — 50
Green, Rob — 108, 109
Grode, Adam — 149
Großbritannien — 64
Gruppenzügellosigkeit — 105
Guangdong — 115
Guangxi — 116

H

Haizhiyun-Park (Dalian, Liaoning) — 135
Hamburg — 78, 170
Han Han — 166
Han-Chinesen — 152, 153, 156, 157
Handelsblatt (Tageszeitung) — 90
Haribo — 139
Hauptmann, Elisabeth — 44
Heinrich-Böll-Stiftung — 16
Henan — 120
Hitler, Adolf — 73
Hochchinesisch (auch: Mandarin oder Putonghua) — 59
Hongkong — 28, 31, 34, 74, 102, 128, 158, 159, 162, 164
Hooligan-Paragraph — 106
Horx, Matthias — 30
Huang Youyi — 142
Huanqiu Shibao (chin. für »Global Times«) — 91
Huazi-Turm (Fengjie, Chongqing) — 14, 37, 38
Hubei — 156
Hui (Ethnie) — 152
Hui Tai Lang — 143, 144
Human Development Report — 167
Hummer (Fahrzeug) — 76

I

IBM (International Business Machines Corporation) — 112
Idiotenperücken — 111
IG Nobel Prize — 129
Indien — 91, 92, 167, 168
Innere Mongolei — 61, 65
Intellipedia — 160
Internationale Föderation der Übersetzer — 142
Internationaler Tag der Frau — 90

Internet — 167
    Internetcafé — 122
    Internetpolizei — 162
    Internetzensur — 161
iPod — 76
Irak — 128
Isa, Dolkun — 148
Italien — 92

J

Jangtse (chin.: Chang Jiang) — 37, 125
Japan — 92, 116, 130
Japanisch — 142
Jasper, Ute — 98
Jia Zhang Ke — 37
Jihad — 109
Jiujiang (Jiangxi) — 111

K

Kadeer, Rebiya — 23, 52, 147 ff.
Kanaksprak — 60
Katz, Richard — 116, 118
Kempinski — 98
Kerr, Alfred — 44
Kinderschokolade — 87
Kipling, Rudyard — 44
Kira (Sängerin) — 47
Kirgisistan — 127
Klose, Miroslav — 108
Knecht Ruprecht — 140
Kohlhaas, Rem — 40
Köln — 91
Kommunismus — 131
Kommunistische Partei Chinas — 131, 160

Konkret (Zeitschrift) — 163
Kopenhagen — 11, 79
Korea — 116
Kuangcaonima — 97
Kubuqi (Wüste; Innere Mongolei) — 64
Kuhle Wampe (Film) — 43
Kulturrevolution — 136

L

Landsberg — 47
Leggewie, Claus — 80
Leonard, Mark — 169
Li Yinhe — 106
Liaoning — 121, 122
Liu Xiaobo — 12, 17, 126 ff.
Liu Yang — 74
LOHAS — 30
    LOHAS Park — 31
Loi Toubon — 142
London — 140, 156
Lorenz, Andreas — 79
Love Parade — 140
Lulatschwesen — 120

M

Ma Le Gebi — 97
Ma Yaohai — 14, 105
Macao — 102, 158
Madonna (Madonna Louise Ciccone) — 135
Mahler, Horst — 90
Mao Tse Tung (Auch: Mao Ze Dong) — 38, 89, 100, 125, 126
Maoismus — 89
Maoisten — 90
Maoistische Naxaliten — 168

Marx, Karl — 132
Die Maßnahme (Theaterstück) — 43
Matussek, Matthias — 90
Mehrgenerationenhäusern — 133
Melua, Katie (Sängerin) — 112
Mercedes 400 — 134
Messner, Dirk — 80
Miao Dao Archipel (Shandong) — 124
Mickey Mouse — 41
Mongolei — 61
Mongolen — 61 ff.
Mongolisch — 142
Monheim — 47
Moore, Malcolm — 151
Moritat von Mackie Messer — 42
Morning Sun (Dokumentarfilm) — 125
Mülheim a.d.R. — 98 f.
München — 154

N

Nanjing University of Technology — 105
National Endowment for Democracy — 128, 154
National Tourist Administration — 121
Nationaltheater (Pk.) — 41
NBA (National Basketball Association) — 141
NBL (National Basketball League) — 120
New York — 48, 131
Nobelpreiskomitee — 126
Nordkorea (Demokratische Volksrepublik Korea) — 110
Nordrhein-Westfalen — 98 f.
NRW.INVEST — 98 f.

O

Obama, Barack — 28, 160, 161
Oberbaumverlag — 89
Olympische Spiele — 135, 164
Open Doors — 21
Open Magazine (Zeitschrift und Website; Hk.) — 128
Opiumkriege — 122
Ordos (Innere Mongolei) — 13 f., 66 f.
Osterholz-Scharmbeck — 47

P

Paraguay — 111
Paris — 131, 140
Peaches (Merrill Beth Nisker, Sängerin) — 120
People's Plaza (Sh.) — 156
Pesch, Doro (Sängerin) — 47 f.
The Pink Mirror — 168
Platthaus, Andreas — 68
Pleasant Goat — 143. *Siehe auch* Xi Yang Yang
Porsche — 134
Portugal — 168
Posener, Alan — 90
Potsdam — 48
Prag — 117
Pressefreiheitsindex — 169
Prilblumen — 41
Prinzenbad (Berlin) — 55
Proxy Server — 162

Q

Qingming — 36 f. *Siehe auch* Grabfegetag
Qingnianhu-Bad (Pk.) — 56
Qingnianhu-Park (Pk.) — 14, 55

R

Radio Free Asia (RFA) — 155
Radtke, Oliver Lutz — 59
Reporter ohne Grenzen (NGO) — 169
Rinderspacher, Markus — 154
Rogge, Jacques — 135
Rotes Antiquariat — 89
Röttgen, Norbert — 79
Rushdie, Salman — 168
RWE (vormals Rheinisch-Westfälisches Elektrizitätswerk AG) — 98

S

Saarland — 63
Sanskrit — 142
Die satanischen Verse (Buch) — 168
Sautman, Barry — 129
Schindler, Steffen — 139
Schindler's Tankstelle (Pk.) — 139
Schirrmacher, Frank — 83
Schmidt, Christian Y. — 83
Schmidt, Eric — 160
Schmierer, Joscha — 90
Schmitz, Dietmar — 132
Schon, Jenny — 89 f.
Schorndorf (Württemberg) — 84
Schweiz — 118
Seehofer, Horst — 12, 100 f.
Serbien — 108
Shandong — 121
Shanghai — 119, 132, 138, 156, 170
Shanxi — 45
Sheeran, Josette — 77
Shishou (Hubei) — 156
Siemens — 139, 171

Siemons, Mark — 69
Singapur — 93
Sinopec — 41
Sommerpalast (chin.: Yihe Yuan; Pk.) — 134
Sozialismus mit chinesischer Charakteristik — 131
Der Spiegel (Zeitschrift) — 90, 96, 164 f.
    Spiegel-Online-Forums-Irre — 92
Stammzellentherapie — 93
Stihl — 133
Still life (chin.: Sanxia haoren; Film) — 37
Strauß, Franz Josef — 100
Strauss, Johann — 135
Students for a Free Tibet (NGO) — 129
Südafrika — 12, 110
Suidakra (Band) — 47

T

Der Tagesspiegel (Tageszeitung) — 74
die tageszeitung (taz; Tageszeitung) — 11. ff., 69
Taiwan — 102, 158
Taobao (Website) — 138
Tempel der Erde-Park (chin.: Ditan Gognyuan; Pk.) — 25
Terracotta-Armee — 87
Thailand — 140
The Tiger Prowess (Zeichentrickfilm) — 143 f. *Siehe auch* Xi Yang Yang Yu Hui Tai Lang Zhi Hu Hu Sheng Wei
Theroux, Paul — 33
Thoben, Christa — 98
Tiananmen Guangchang (Platz d. Himmlischen Friedens; Pk.) — 156
Tibet — 22, 150
    Tibetische Separatisten — 168
Titanic (Satiremagazin) — 11, 73
Tomte (Band) — 48
Torpedo Boyz (Band) — 47

Totengeld — 36
Tucholsky, Kurt — 117
Turton, Stuart — 159
Twitter — 156, 160, 161

U

Über die Mauer Gehen — 163. *Siehe auch* fan qiang
Uiguren — 148 ff.
Ukraine — 127
Ullstein — 117
UNO (United Nations Organization) — 167. *Siehe auch* Vereinte Nationen
Urumqi — 51 f., 147 ff.
USA — 29, 78, 130, 161
Usbeken — 127

V

Venedig — 131
Vereinte Nationen — 78, 167
Verlag Volkschina — 31
Versailles — 131
Vietnam — 115, 140
Villon, François — 44
VIP — 141
    V.I.P.-Schaukel — 136
    V.I.P.-Vollvermittlung — 137
Volkswagen (VW) — 133, 139
Vorzeigekinder (Band) — 47
VOX (Fernsehsender) — 137
VPN (Virtual Private Network) — 162
Vuitton, Louis — 87
Vuvuzelas — 110

W

Was denkt China (Buch) — 169
Washington — 147, 148, 154
Waterworld (Pk.) — 55
Weihnachtsmann — 140
Weinstein, Allen — 129
Die Welt (Tageszeitung) — 90
Welternährungsprogramm — 77
Welternährungstag — 78
Weltklimakonferenz — 11, 79
Wen Jiabao — 73
Wenzel, Eike — 30, 31
Wikipedia — 85
Wocaonima — 97
World Candy Hall (Pk.) — 87
World Chocolate Wonderland (Pk.) — 87
World Meteorological Organization — 32
World Naked Bike Ride Day — 112
World Uyghur Congress (WUC) — 52, 129, 147 ff.
Wuhan (Hubei) — 125
Wujing (Zhongguo Renmin Wuzhuang Jingcha Budui / Bewaffnete Volkspolizei) — 153
Wuppertal — 47

X

Xi Yang Yang — 14, 143, 144, 145
Xi Yang Yang Yu Hui Tai Lang Zhi Hu Hu Sheng Wei (Zeichentrickfilm) — 145
Xi Yang Yang Yu Hui Tai Lang Zhi Tu Nian Ding Gua Gua (Zeichentrickfilm) — 145
Xinghai Wonderland (Dalian, Lianoning) — 131
Xinghai-Platz (Dalian, Lianoning) — 131
Xinjiang — 12, 21, 22, 51, 150, 154, 156

Y

Yan Hairong — 129
Yao Ming — 120
Yeo, Alion — 28
Yingli Green Energy (chin.: Yingli Lüse Nengyuan Konggu Youxian Gongsi) — 111
Youku (Website) — 122
Youtube (Website) — 84, 149, 156 ff.
Yugong Yishan (Club; Pk.) — 120

Z

Zhao Liang — 120
Ziesemer, Bernd — 90

VERBRECHER VERLAG

Susanne Messmer
CHINAGESCHICHTEN
Interviews

Broschur
320 Seiten
14 €

ISBN: 978-3-940426-42-0

Die Männer und Frauen, die in »Chinageschichten« zu Wort kommen, sind heute um die achtzig Jahre alt. Als Mao Zedong 1949 auf dem Platz des Himmlischen Friedens die Volksrepublik China ausrief waren sie um die Zwanzig. Damit gehören sie zur Aufbaugeneration ihres Landes. Sie haben noch ein Stück altes China erlebt, kennen das Ende der letzten Dynastie aus den Erzählungen der Eltern, wissen, wie geschnürte Füße aussahen und wie es in Peking zur Zeit der japanischen Besatzung zuging. Hier erzählen Menschen von der Kulturrevolution und von der Öffnung Chinas in den Achtzigerjahren. 1989, als die chinesische Demokratiebewegung niedergeschlagen wurde, gingen die Protagonisten dieses Buches in Rente. »Chinageschichten« ist – in der Tradition der Gesprächsprotokoll-Literatur – ein Versuch der Annäherung an das Land »unterhalb« der großen Politik, aus der Perspektive des privaten Lebens und den Vertracktheiten der Organisation des Alltags zwischen gesellschaftlichen und politischen Wandlungsprozessenund individueller Selbstbehauptung und Glücksuche. Das Buch enthält aktuelle Porträtfotos, sowie Fotos aus den privaten Archiven.

Verbrecher Verlag Gneisenaustraße 2a 10961 Berlin
www.verbrecherei.de info@verbrecherei.de

VERBRECHER VERLAG

Rudolf Lorenzen
OHNE LIEBE GEHT ES AUCH
Roman

160 Seiten
Hardcover
19 €

ISBN: 978-3-940426-60-4

»Ohne Liebe geht es auch« ist die Geschichte einer Familie über vier Generationen, in der die Lieblosigkeit zu Hause ist. Liebe gibt es weder zwischen Eheleuten noch zwischen den Generationen. Was die Familie zusammenhält, ist lediglich Verlogenheit. »Ohne Liebe geht es auch« beginnt mit dem Ende des Deutsch-Dänischen Krieges in der Hafenstadt Flensburg. Stets geht es auch um die Rivalität zwischen Dänen und Preußen, die abwechselnd die Mehrheit in Nordschleswig bilden. Die Ereignisse bleiben nicht ohne Einfluss auf die Familie, denn ein prominenter Österreicher ist ihr Ahnherr – Erzherzog Ludwig Victor, ein Außenseiter der Habsburger Dynastie. Die Familiengeschichte endet mit dem gefühlskalten Sohn Robert, der ein Bruder im Geiste von Robert Mohwinkel ist, dem Antihelden aus Lorenzens meisterhaftem Roman »Alles andere als ein Held«.

Verbrecher Verlag Gneisenaustraße 2a 10961 Berlin
www.verbrecherei.de info@verbrecherei.de

VERBRECHER VERLAG

Rudolf Lorenzen
ALLES ANDERE ALS EIN HELD
Roman

688 Seiten
Hardcover
28 € / 54 SFr

ISBN: 978-3-935843-92-8

Robert Mohwinkel ist kein Held. Im Gegenteil, er versucht, wo immer es geht, sich ganz und gar anzupassen. In der Familie, in der Schule, in seiner Ausbildung zum Schiffsmakler, in der Wehrmacht, stets möchte der junge Träumer, nicht auffallen. Nur im Tanzclub blüht er ein wenig auf. Erst nach dem Krieg, als sich die Zeiten geändert haben, und die Duckmäuser alter Schule nicht mehr gefragt sind, wacht er auf. Doch selbst diesmal macht er es nicht wirklich richtig.

Der Roman »Alles Andere als ein Held« erschien erstmals 1959, ging allerdings trotz guter Kritiken neben Grass' »Blechtrommel« und Bölls »Billard um halb zehn« unter. Das lag nicht zuletzt daran, dass man in Deutschland so kurz nach dem Krieg von der allseitigen Anpasserei, den Verbrechen der Wehrmacht und den Betrügereien, auf denen sich das »Wirtschaftswunder« begründete, nichts hören wollte.

»Ich bin gar nicht sicher, ob ›Alles andere als ein Held‹ nicht der beste Roman irgendeines heute lebenden deutsch schreibenden Autors ist.«
Sebastian Haffner

»Ja, da gab es ein Buch, es hieß ›Alles andere als ein Held‹. Von Rudolf Lorenzen. Darin wird das erste Kriegsjahr beschrieben, und die Sprache, die war so authentisch, so anders, dass ich dachte: So müsste man schreiben.«
Walter Kempowski in Cicero (April 2007) auf die Frage nach Vorbildern für seinen Stil.

Verbrecher Verlag Gneisenaustraße 2a 10961 Berlin
www.verbrecherei.de info@verbrecherei.de

VERBRECHER VERLAG

Georg Kreisler
ZUFÄLLIG IN SAN FRANCISCO
Unbeabsichtigte Gedichte

»Manche Gedichte in diesem Buch sind absurd, die kommen der Wahrheit am nächsten. Man schreibt sie nicht absichtlich, sie werden einem eingeflüstert, sind also unbeabsichtigte Gedichte.« Die unbeabsichtigten Gedichte von Georg Kreisler haben es in sich. Scheinbar leichthin und beschwingt geschrieben, verweisen sie auf Abgründe und Absonderlichkeiten. Der Dichter ordnet die Welt, indem er sie erfindet. Er erfindet sie, um sie vorzeigen zu können. Kreisler erweist sich in diesem, seinem ersten ausschließlichen Lyrikband als ein ebenso hellsichtiger wie subtiler Dichter. »Hüte dich vor Kompromissen! / Das sind keine Leckerbissen. // Meide jede Konzilianz, / denn die nagt an der Substanz.«

Georg Kreisler, der geniale Chansonnier, Schriftsteller und Opernkomponist hat ein Buch ausschließlich mit Lyrik geschrieben. Fünfzig resumierende Gedichte des 88jährigen über die Liebe, den Reim, über Einsamkeit, die Nation und über das Ende. Makaber, schön, hintergründig, privat, zynisch, politisch, mit Endreim und federleicht. Ganz große Kunst.
Matthias Ehlers / WDR 5 Bücher

Für den 1922 in Wien geborenen Kreisler gilt offenkundig das, was man auch über Weine zu berichten weiß: Je älter, desto besser!
Philipp Engel / Jüdische Allgemeine

Verbrecher Verlag Gneisenaustraße 2a 10961 Berlin
www.verbrecherei.de info@verbrecherei.de